“十一五”国家重点图书出版规划项目
中国数学教育研究丛书

张奠宙　总主编

变异理论下的数学课堂研究

BIANYI LILUNXIA DE SHUXUE KETANG YANJIU

• 黄荣金 著
刘 丹 译 •

广西教育出版社

目录

MULU

总 序

时序进入2008年,中华民族走在复兴的大道上。

100年前,中国处于清朝末年,积贫积弱,文盲充斥。拖着辫子的臣民,没有接受现代数学教育的机会。1911年,辛亥革命爆发。1919年,五四运动兴起。科学、民主的口号催生了中国的现代数学教育。

中国的数学教育,早年学日本,然后学英美,艰难行进。1949年之后,中国人民站起来了。在全面学习苏联的基础上,羸弱的中国数学教育渐渐强大起来。注重数学"双基",发展三大能力,反对注入式,提倡启发式,学习唯物辩证法,加强数学与实践的结合。在总结正反两方面经验的基础上,中国数学教育开始形成了自己的特色。

20世纪70年代末起,中国实行改革开放政策。数学教育一方面大量吸收国外的优秀研究成果,一方面不断展现自己的数学教育特色,在理论和实践上都得到了重要发展。时至今日,中国数学教育已经走向世界,在国际上享有相当高的声誉。中国的优秀学生在国际数学奥林匹克竞赛中屡获佳绩,大范围国际数学测试中,中国内地学生成绩位居前列。以很低的教育投入,获得了如此优良的成绩,令人惊叹。事实上,数学教育的成果,成为中国经济起飞的重要支撑。千百万农民工走进现代化的企业,成为"中国制造"的主力军,没有必需的数学计算和思维能力,是不可想象的。

于是,一个严肃的课题摆在我们面前:怎样评价中国的数学教育?在风起云涌的教育改革浪潮中,对中国的数学教育传统有三种态度:

一种态度是基本否定。认为中国的数学教育,观念落后,内容陈旧,教师死教,学生死学,没有创新,没有探究,单打独斗,不讲合作,应试当头，摧残学生。一句话，必须彻底转变观念，改变学生的学习方式。对于中国的教育传统的继承，止于《学记》经典、孔子教育思想及书院模式。对于中国当代的数学教育，则没有任何肯定。他们认为，如果说中国学生的基础好，输在后面没有创新，那么更应该说，没有创新的基础，就是输在了起跑线上。

另一种态度是认为中国的教育有积极的因素，应该挖掘。这种观点常常以"中国教育悖论"的形式出现。例如，"中国学生何以比西方学生在学习成绩上好许多，但是他们的教和学看上去是如此的死记硬背？"[①]他们在实践上肯定中国学生的学习成绩，但是西方的许多正确教育理论不能解释，于是产生困惑，需要研究。这是国外一部分客观公正的教育家的观点，具有积极的意义。

第三种态度，就是本丛书所采取的态度：基本肯定，需要改革。中国是一个有几千年文明历史的国家，具有灿烂的中华文化。教育是一种文化现象，其中积淀着许多文化的因子。例如鼓励教学相长，重视坚实基础，提倡启发诱导，相信熟能生巧，主张精讲多练，采用变式演练，等等。对这些深藏于中华文化中的教育因子，我们只能采取基本肯定的态度，继承发扬它的积极因素，使之熠熠发光。与此同时，防止它的异化，避免造成负面影响。

文化是不能废除和选择的。费孝通先生说过，各个国家对文化的态度应当是"各美其美，美人之美，美美与共，天下大同"。教育上的观念，也应遵循这样的规律。

另一个不容忽视的事实是，1949 年以来的中国数学教育，是许多前辈学者、几代教师苦心孤诣建设起来的，他们为国家的兴旺发达、经济起飞、教育普及作出了巨大的贡献，岂可一笔抹杀？数学教育中的"双基"教学、启发式讲解、三大能力的培养、师生讨论的模式、数学解题的教学等，都是能够闪光的金子。当然，我们也清醒地看到，中国数学教育有着明显的弊病。对于前面提到的中国数学教育的种种缺陷，我们同样感到痛心疾首，主张坚决革除。任何时候，任何国家都在根据自己的国情进行改革。我们只不过根据历史经验，主张避免"矫枉

①D. Watkins, J. Biggs. The Chinese Learner: Cultural, Psychological and Contextual Influences. Hong Kong: CERC&ACER, 1996.

过正”而已。

晚近以来，我们学习了许多国外的优秀经验，特别是初步把握了比较科学的研究方法，注重调查实证，开始运用心理学的最新成果进行分析。这就是说，已经有初步的条件把我国已有的教学经验上升为理论。

综上所述，我们觉得应该集中大家的力量，开始营建具有中国特色的数学教育体系了。于是，这套《中国数学教育研究丛书》的编写就提上了议事日程。广西教育出版社将它列入“十一五”国家重点图书出版规划项目上报，终获中华人民共和国新闻出版总署批准。

丛书的出版，得到数学教育同行的积极响应。我们欢迎一切数学教育研究成果参与丛书的出版。除研究质量的普遍要求之外，附加的条件只有一个：具有中国特色。

丛书出版在即，希望它能成为一个时代的记录，一个中国数学教育发展的标志。

张奠宙

2008年1月22日于沪上

序言一

日前某夜，本书作者黄荣金博士从美国打来电话，两件事，一是告诉我，上海学生首次参加PISA测评，结果阅读、数学、科学素养均列第一，在美国引起“热议”；二是他写的书，将在广西教育出版社出版，催我交“序言”的稿. 其实，近来忙于杂事，无暇动笔. 经他提醒，才匆匆忙忙写些想法.

首先，关于西方的“热议”. 一方面，如美国教育部的官员惊称，由此带来的心理震撼度不亚于“珍珠港事件”和苏联的“人造地球卫星冲击”，这是“让我们醒来的号角”，未免夸张至极. 另一方面，有些媒体则并不以此为然，认为中国学校十分善于帮助学生应付考试，正是由于这个原因，“他们无法帮助学生做好接受高等教育和知识经济的准备”，云云. 国内行家毕竟“身缘此山”，大都不会夜郎自大，而是“冷观”其故，用这面镜子照前程、查软肋. “热议”由它去，“冷观”认真做，我们必有希望. 我们的基础教育，成效比较显著，缺陷也很突出. 有成效要“归功”，出现缺陷要“怪罪”，这是简单问责的方法，并不可取. 教育太复杂，内至心理，外达社会，看来更多要做的是“归因”，可以是限于某一范畴内的精致评量，也可以是耗散而非封闭起来的复杂分析，“归因”明了，才可面对未来，这是本人的粗浅想法.

其二，黄荣金博士的书，是时处世纪之交，他对上海、香港两地数学课堂的一项研究. 香港较早就是中西文化的交汇地，因此这项研究必然牵涉到基于中西之间差异的学业成就“归因”. 其实，早于当时，不少西方学者指出，中国的学习环境，例如大班讲课、被动训练和严格考试等，似乎并不有利于学生学习；但是，中国学生在数学方面却取得了非同一般的成就. 这就是著名的中国学习者“悖论”. 黄博士的研究表明，当前中国的数学课堂中确有“好的教学”，尽管在大班教学环境中，通过老师熟练自如的引导，学生也能主动参与数学内容的学习. 并且，他还从变式教学的理论角度，对于这一独特现象给出初步解释. 循此继进，或许真能为揭开中国学生数学学习的神秘面纱提供重要线索.

此外,黄博士在比较研究和"归因"分析时,为了保证研究结论的可靠性,一是尽量运用数据支撑,二是采纳叙事方式作细节描述,三是兼及经验判断甚至作学理分析,比如"变异理论"等. 三种方法共用是这项研究的重要特点. 当然,其中任何一种都有局限,哪怕是实证也是如此,"数据假象"是常见的问题,叙事研究有时会"瞎子摸象". 三法共用、平行互证,就不一样了. 其中要害是结论指向的内部一致性考量,这实在是教育实证研究最重要不过的事了.

就写如上两件事的感想,权且作为本书小序.

顾泠沅

2010年12月

序言二

近年华人学生在国际数学测试中的良好表现，引起国际数学教育工作者、教育政策制订者以至公众人士的兴趣. 20世纪末，“华人学习者悖论”[①]的提出，引发21世纪初对华人如何学习以及如何教学的探索. OECD PISA 2010研究中上海学生的优异表现更让国际震惊，对中国数学教育的研究必将成为国际数学教育研究的一个热点. 然而，我们对华人数学教育及数学教学特点的认识还相当初浅，建立华人数学教学理论的探索只是起步阶段，需要做大量深入仔细的研究.

在此时机，出版黄荣金博士的论文显得十分及时. 他的论文虽然在8年前完成，但其贡献对现在的数学课堂教学研究和实践仍然有指导意义. 进行这项博士研究的直接动因是探索华人学习者的悖论：在华人地区，为什么表面上不太有利的学习环境，如大班级教学、教师讲授为主、考试导向课程等，却能够培养出数学成绩优异的学生呢？他的研究具有下列显著的特点：1. 采用严谨的研究方法，直接考察课堂中如何教授特定数学内容（如勾股定理）的真实情境，使研究更具数学教学特点；2. 将基于中国长期实践的教学理论（变式教学）与扎根于西方哲学的学习理论（变异学习理论）相结合，形成一个独特的理论视角（变异理论）来深刻探讨中国数学课堂教学特点；3. 采用先进的录像研究技术、深刻的语义分析法，确保研究发现的真实性和深刻性.

他的研究生动地描述上海、香港两地独特的数学课堂教学情境：“课堂中有教师、学生和数学. 教师呈现数学，并通过提供适当的脚手架和一系列启发性的问题，帮助学生参与探究数学的过程. 学生很渴望听课并参与到学习过程中.”这种“在教师熟练的引导下，大班教学

---

① Watkins, D. A., & Biggs, J. B. (Eds.). (1996). The Chinese learner: Cultural, psychological and contextual influences. Hong Kong/Melbourne: Comparative Education Research Centre, The University of Hong Kong/Australian Council for Educational Research.

环境中的学生主动参与数学内容的处理”，确实让西方学者很难理解，但在中国却是一种普遍现象. 从理论的角度，这项研究为“华人学习者悖论”作了一个解释. 因为在华人大班级教学中也存在好的教学，如“教师强调探究和知识建构；教师提供多种变式练习；教师帮助学生参与学习过程”等，所以这个悖论也许是西方学者对华人学习的一种误解. 另一方面，本研究还挑战了西方教学理论中的“教师中心”和“学生中心”的二分法，提出要关注学习数学过程中教师和学生两者的贡献，为建构华人数学教学理论作了重要的贡献.

我相信，本书将提供一个如何进行一项高质量数学课堂教学研究的案例，是数学教育工作者难得的一本参考用书.

梁贯成(香港大学教授)
2010 年 12 月

第一章

引言

第一节 背景

大量研究表明，东亚学生在数学上的表现要胜过西方学生（Beaton，et al.，1996；Husen，1967；Lapointe，et al.，1992；Mullis，et al.，1997，2000；Robitaille，1989；Stevenson，et al.，1992，1993）. 例如，在第三次国际数学与科学研究（TIMSS）中，新加坡、韩国、日本和中国香港的中小学生的数学成就占据了前四位（Beaton，et al.，1996；Mullis，et al.，1997）. 虽然中国内地没有参与 TIMSS，但仍有证据表明，中国学生在数学上的表现要比西方国家的学生更出色. 比如，在 1992 年的国际教育进展评价（IEAP）的数学研究中，中国学生获得了第一名（Lapointe，et al.，1992）. 自 1990 年以来，他们还在国际数学奥林匹克比赛中多次获得冠军（Wong，1998）. 然而，从西方学者的角度看，中国的学习环境，包括大班授课、以应试为导向的课程以及教师为中心的教学方式，并不利于学生的学习(Biggs，1994；Leung，1995，2001；Morris，1985；Morris，et al.，1996；Wong，1998，2000).

这一悖论吸引了很多研究者从各个不同的方面去探求东亚学生在数学方面取得出色成就的原因(Garden，1987；Lapointe，et al.，1992；Lee，1998；Leung，1995，1998，2001；Schmidt，et al.，1997，1999；Stevenson & Stigler，1992；Stevenson，Chen & Lee，1993；Watkins & Biggs，1996). 研究发现，诸如文化信仰和课程之类的因素都对学生学业的成功或失败起着不同程度的作用. 例如，东亚地区对教育的社会和文化价值的重视、认为成功来自努力、家庭成员参与孩子的学习活动等因素都有助于学生在学习上获得突出的成绩(Stevenson & Lee，1992；Leung，1998；Wong，1998，2000).

另外，TIMSS的研究结果显示，东亚地区的数学课程大纲、教材和考试比西方国家更加集中和统一(Schmidt，et al.，1999). 而且，在东亚地区，教材严格遵守课程大纲. 而美国的"数学课程不但只是'一英里宽一英寸深'，而且有些内容比较繁杂，并经常修改"(Schmidt，et al.，1999).

在对中美两国小学数学教师的教育水平进行比较时，马立平发现中国教师通常接受了10到12年的正规学校教育，包括教师培训，而美国教师接受了16到18年的学校教育(马立平，1999). 有观点认为，教学的功效并不总是与教师的受教育程度相一致. 马立平的研究(1999)证明了这一点，她指出虽然中国的数学教师接受的训练比较少，但是他们具有更好的数学学科知识，并能够使用有效的方法去教这些知识.

近年来，梁贯成以大量的文献资料为基础，提倡通过研究东亚和西方国家在特征和价值观方面的不同点，寻找东亚地区在数学教育方面的一致性(梁贯成，2001). 国际数学教育委员会(ICMI)也将这个研究命名为"不同文化传统中的数学教育：东亚与西方的比较研究"(Graf & Leung，2000). 显然，上述研究对于理解东亚学生在数学方面的优势是至关重要的. 但是，过去我们忽略了东亚和西方国家在课堂上如何教数学的比较研究. 有研究认为，教师和教学环境在帮助学生建立数学概念方面扮演着重要的角色(Cobb，1994，引自 Lee，1998).

近年来,虽然有研究者尽了很大的努力去研究不同文化中的数学课堂教学(Leung,1992;Stevenson & Stigler,1992;Stigler & Hiebert,1999;TIMSS-R 录像带研究),但是这些研究通常没有包含中国内地的学生.

另外,包括中国内地学生在内的非常有限的一些研究,得到了与已有的关于数学课堂的结果和描述不一致的结果.比如,与佩恩(Paine,1990)和莫里斯等人(Morris,et al.,1996)的结果相反,莫雅慈和莫里斯(Mok & Morris,2001)发现,中国学生在某些方面是积极的学习者.一些研究甚至认为,中国的教师非常提倡建构主义学习方法和问题解决策略(Lee,1998;Stevenson & Stigler,1992).

第二节　研究的理论基础

到目前为止,很多研究只是关注课程结构、课堂互动(Leung,1995;Stevenson & Stigler,1992;Stevenson,1995)以及课堂的一般特征,因此往往忽略了与教学过程相关的质的特征.很多研究都没有涉及教师在数学课堂里是如何处理特定主题以及与之相关的概念的.本研究者认为,要理解课堂到底发生了什么,需要定性地去理解教师如何处理具体的数学概念,这是比较恰当的一个方法(详细理由见第三章).这也许能够清楚地显示出中国的数学教学特征.

由于课堂教学的过程极其复杂,因而可以从多个角度和研究框架来进行研究(Teppo,1998).本研究采用了以下两种策略来突出研究的焦点.首先,选择"勾股定理"作为特定主题,所有被研究的课都是关于这一主题的(详见第四章).其次,使用变异学习理论(Bowden & Marton,1998;Marton & Booth,1997)作为研究课堂教学过程的工具.根据这一理论,辨析辨别能力是学习的基本要素,如果不经过某一必要的模式变化,学生无法认识相应学习对象(详见第三章).

通过选择并分析香港和上海两地八年级关于勾股定理的几节数学课(详见第四章),本研究试图从所选的变异学习理论角度,深入探究数学课堂的一些特征.选择这两个城市的主要原因如下:

首先,TIMSS,TIMSS-R 以及 TIMSS-R 录像研究为从国际视角研究香港的数学教学提供了颇有价值的机会. 特别是 TIMSS-R 录像研究已经为研究香港的数学课堂提供了大量的数据. 本研究根据特定要求选择了 TIMSS-R 录像研究中的一些课作为香港数学教育的数据. 同时,有关上海数学教育的研究(如:顾泠沅,1999;马立平,1999;Paine,2002)也为本研究提供了基础.

其次,香港成为英国的殖民地长达 150 多年,包括教育体系在内的社会各个方面受到英国文化和传统的影响. 然而,香港从未失去与中国内地的文化联系,因为超过 98%的人口是中国人(Census and Statistics Dept.,Hong Kong,1997). 考虑到文化背景,香港是典型的中西方文化交融的国际化城市. 比如,与西方国家的学生相比,香港学生对数学的本质以及数学学习有着不同的理解(Beaton,et al.,1996;Mullis,et al.,1997). 与伦敦的教师相比,香港教师对上述内容也有不同的观点,但令人惊讶的是,香港的教师与北京的教师有着相似的观点(Leung,1992).

上海是中国现代化程度最高的城市之一. 虽然上海也受到西方文化的影响,尤其是从 1978 年的改革开放以来,但是从它的人口、政治以及经济体系来看,上海仍然是一个典型的现代中国大都市. 通过比较香港和上海的数学课堂教学,我们可以从上海的案例中找到中国内地的教学特征. 同时,以香港案例作为参照,可以获得一个国际观点. 希望这样的研究能够有助于理解中国的数学课堂.

再次,香港是一个发达的国际化城市,而上海是中国内地的现代化城市之一. 因此,在经济和学校设施上,两者是对等的(详见第二章).

最后,可行性也是考虑的一个因素. 本研究者与上海的研究人员有多年的合作,熟悉上海的很多学者、校长和老师,因此,获取研究所需的上海方面的资料并不困难. 而且,本研究者的导师是 TIMSS-R 录像研究的香港召集人,在他的帮助下,可以很容易地搜集到 TIMSS-R 录像研究关于香港的数据.

第三节　研究的问题

为了解决前面所说的悖论,并鉴别中国的数学教学方法的特点,本研究将探究香港和上海的数学课堂教学. 在这些课堂中，不同的教师都处理同一个主题：勾股定理. 研究将从变异理论的角度分析数据，通过回答以下问题来达到目标：

1. 在香港的数学课堂中，学生可以通过哪些类型的变式来体验学习目标？

2. 在上海的数学课堂中，学生可以通过哪些类型的变式来体验学习目标？

3. 在这些变式类型方面，香港和上海的数学课堂有什么异同？

4. 从诸如教育价值、教师信念、教师教育和课程政策等文化角度来看，对于香港和上海课堂中的这些异同可以作出怎样的解释？

第四节　研究的意义

本研究的意义可以总结如下：

首先，从 20 世纪 60 年代开始，中国学生在数学方面的突出表现已经引起了西方研究者寻求中国学生成功原因的兴趣(梁贯成，1992；Wong，1998). 但是受中国 80 年代以前的政治环境的影响，关于学生如何掌握数学知识的研究还是比较少. 近年来中国很多的数学教育者开始积极参与各种国际会议，但是只有少量关于中国数学教育的研究(尤其是包括中国内地学生在内的研究)发表在国际性的杂志上. 香港深受中国悠久文化以及西方外来文化的双重影响，上海是一个现代化大都市并且深受中国文化的影响，这两个城市的数学课堂之间的比较研究在理论和实践方面都是很有意义的. 正如斯蒂格勒与海波特(Stigler& Hiebert，1999)所说，教学是一种文化活动. 本研究也许不但能够促进对这两个城市数学课堂教学的进一步理解，而且能够反映中国的数学教学法的一些特点.

其次，变异学习理论最初只是关注学习，近年来也开始用于课堂教学的研究. 在这个意义上，本研究是从这个角度研究中国数学课堂的首次尝试. 将变异理论拓展到课堂教学领域，能够促进这一理论的发展.

最后，香港和上海最近都开始了一系列的数学教育改革，更好地理解它们的数学课堂实践,将有助于这两个城市改革的实施.

第五节　结构

本论文包括八个部分. 第一章是研究的背景. 第二章是相关文献的回顾和讨论. 第三章关注研究的理论基础. 第四章解释了本研究采用的方法. 第五章和第六章分别呈现了香港和上海的结果. 第七章比较了香港和上海两地教师对同一主题的处理方法. 第八章从文化角度解释了研究结果,并对研究进行了总结.

第二章 关于数学课堂的研究

前一章中列出了本研究的研究问题.通过对有关数学课堂的相关研究,特别是中国的数学课堂研究的分析,使得本研究建立在已有研究成果之上.这一章将回顾并讨论三个领域的相关文献.首先简单介绍香港和上海的基础教育体系;其次讨论几个关于东亚地区,尤其是中国数学课堂的重要研究;最后将介绍可能影响课堂教学的要素,比如中国的教育观、中国的学习和教学理念、教师关于数学教学的信念以及教材等.

第一节　香港和上海的基础教育体系

一、香港和上海简介

香港位于中国大陆的东南部,面积约 1000 平方千米,人口约 680 万.1999 年的人均 GDP 为 183000 元港币,合 23000 美元.[①] 上海是中国中央政府直辖的更大城市之一,位于长江三角洲东海入海口,面积约

①更多详细信息见 http://www.info.gov.hk.

6000 平方千米，人口约 1300 万，约占中国总人口的 1%. 1999 年的人均 GDP 为 30000 元人民币，合 3600 美元. ①

二、香港和上海的基础教育体系

香港的九年义务教育从六岁开始，包括 6 年小学和 3 年初中. 之后是 2 年高中以及被认为是第六形式(the sixth form)的 2 年大学预科阶段. 只有少部分学生在义务教育之后结束学校学习，绝大部分学生会继续 2 年的高中学习以参加公共考试，即香港教育证书考试(the Hong Kong Certificate of Education Examination, HKCEE). 只要学生在 HKCEE 中获得好成绩，他们就可以继续 2 年的预科并参加香港高水平或补充高水平考试，这是香港的大学入学考试.

上海的学生在六岁开始接受学校教育，包括九年的义务教育. 有两种不同的学校体系，一种称为"5—4—3"制，包括 5 年小学、4 年初中和 3 年高中；另一种称为"6—3—3"制，包括 6 年小学、3 年初中和 3 年高中. 从 20 世纪 80 年代中期开始，小学实行就近入学原则，小学升入初中同样采用就近原则. 也就是说，在小学和初中没有涉及学生排名的公共考试. 在义务教育的最后一年，即九年级，学生需要参加衡量他们能力的公共考试. 根据这一考试的结果，学生进入不同类型的高中，例如高中(包括普通高中和重点高中)、职业高中. 3 年高中结束时，学生要参加上海高中证书考试. 如果他们想要继续大学的学习，必须参加另一公共考试，即大学入学考试.

三、香港和上海的数学课程和教材

1. 香港

现有的小学数学课程大纲产生于 1983 年，中学教学大纲产生于 1985 年. 在过去的几年里，为了满足新世纪的社会需要，政府实施了几个重大的课程发展改革. 例如，在小学阶段，1990 年引进并于 1994 年修改为目标导向课程(TOC, the Target Oriented Curriculum)的目标与目标关联评价(the Targets and Target-Related Assessment)，旨在

① 更多详细信息见 http://www.shanghai.gov.cn.

进一步发展学生不同的能力和技能，如交流、质疑、推理、问题解决、欣赏数学美、在日常生活中应用数学，等等.

为了满足不同能力学生的需要，1996年发布了《中学数学课程调整指引》. 根据这一指引，课程大纲分为两部分："调整大纲"和"完整大纲". "调整大纲"包括了数学大纲中所有学生都应该能够掌握的必须部分. 数学大纲中其余部分组成了供教师可以根据学生能力和兴趣选择使用的附加材料. 除了满足不同能力学生需要的"调整大纲"和"完整大纲"，在数学方面能力更高的学生可以在中学第四、第五年选择附加数学科目. 附加数学的内容是为了促进学生的数学思维，并为九年级和十年级的学生建立基础，以便他们在之后的大学预科中学习纯数学和应用数学.

近年来，为了适应社会变化和技术进步的需要，中小学的数学大纲都进行了修订. 为保证机动性，修订后的中学数学大纲包括基础的内容和非基础的内容①，以及增加的主题. 修订后的小学数学大纲包括基础的内容和增加的主题. 修订的小学数学大纲于2002年9月开始使用，中学数学大纲于2001年9月开始使用（Education Department，1999）.

香港的教材由商业出版者出版. 虽然学生可以选择他们自己的教材（Park & Leung，2006），但所有教材的内容和形式基本一样. 这是因为如果出版者想要获得教育署的批准，他们必须严格遵守教育署在课程中列出的基本原理和内容. 所有的教材通常遵循标准形式：定理解说、定理证明、例题和习题. 但是，对兴趣培养或问题解决能力发展的强调并不多，更多的空间用于例题、训练和习题（Wong，1993）.

2. 上海

1988年以前只有人民教育出版社出版的一套数学教材. 这套教材的内容遵循1949年新中国成立后由国家教育部颁布的唯一大纲. 这种情况从1988年开始发生了变化. "一纲多本"的建议最先得到规定，其后的政策进一步发展为"多纲多本". 为顺应课程发展政策的这种变

① 大纲中的基础内容是大纲中强调基本概念、知识、性质以及真实生活情境中简单应用的部分，它代表了所有学生都应该努力掌握的部分. 大纲中剩下的部分构成了非基础内容.

化,上海成立了一个特别的委员会——中小学课程教材改革委员会.委员会的责任是为义务教育设计出一个新的课程大纲,并编写一套教材和教学参考资料.1989年,新的课程发展框架发布,新的数学课程大纲于1991年投入使用.三年的试验期过后,上海的所有学校于1993年开始采用一套新的数学教材.

为响应国际数学课程改革趋势,在之前课程改革和实验的基础上,上海从1997年开始了新一轮课程改革.例如,名为《21世纪中小学数学教育行动议程》(Gu & Lin,1999)的文件,规定了开发新的课程和教材的原则.2002年的一个重要事件是,隶属于教育部基础教育司的课程教材发展中心发布了《义务教育阶段国家数学课程标准》.这影响了包括上海在内的全国的课程与教材发展.根据上述两个文件,上海于2002年9月开始使用九年义务教育阶段新的数学课程大纲(上海中小学课程教材改革委员会,2002).

四、香港和上海的教师教育

1. 香港

在香港,大部分的小学教师不是大学毕业生.他们通常在中学毕业后读一个获取教育证书的全日制课程.如果是十一年级毕业,需要读3年,如果是十三年级毕业,需要读2年.大部分的中学教师都有学士学位和教育证书,他们可以教到十三年级.有些教师只有教育证书而没有大学学位,他们就只能教到九年级(Leung & Law,1997).

2. 上海

由于历史原因,1980年以前没有特别的教师资格限制,因此上海教师的背景多种多样.1980年之后,九年级毕业的学生可以申请三年制的全日制教师培训课程,他们毕业后可以在小学任教.十二年级毕业的学生可以申请四年制的全日制教师培训课程,毕业后可以在中学任教.1989年,《上海市中小学教师继续教育规定》的颁布,第一次提出了教师在职教育的问题.根据这个规定,1990年到1995年间,从幼儿园到中学的所有教师都必须参加在职培训.例如,为了继续获聘相应职称，中级职称[①]的教师需要在5年内完成240课时的培训，高级职称的教师需要在5年内完成540课时的培训. 然而，从1996年到2000年，教师教育的重点转移到提高教师的教育学位上来. 这意味着要求没有学位的教师完成学位，并鼓励有学位的教师争取更高的学位. 与此相应的是，教师的理念和教学技能得到了更新与提升（张民生，1998）.

第二节　关于数学课堂的研究

在简要介绍香港和上海的基础教育之后，以下将回顾关于东亚地区，尤其是关于华人的数学课堂的研究，以求为本研究奠定可靠的基础.

一、关于东亚数学课堂的研究

正如斯蒂格勒和佩里（Stigler & Perry，1988a）所说，"尤其缺失的……是关于不同文化背景中如何教数学的研究". 在过去的十年内，一些研究人员从国际视角研究数学课堂，但是这一领域的文献资料还是比较有限.

（一）密歇根研究（The Michigan Study）

20世纪80年代，密歇根大学哈罗德·史蒂文森（Harold Stevenson）领导的一个研究小组进行了一系列的跨文化研究，比较了中国、日本和美国学生的数学成就. 研究的主要目的是调查对比这三个国家学生的数学成就. 他们发现，日本、中国台湾和中国大陆学生的数学能力明显高于美国学生. 另外，这种现象在东亚地区贯穿小学到中学（Stevenson，et al.，1993）.

来自中国北京、日本仙台、中国台北、美国明尼阿波利斯和芝加哥的24000名学生，分别代表一年级、五年级和十一年级，参加了一个数

---

① 中国内地有一项针对中小学教师的特殊任职体系. 例如在中学里，教师在一年实习期后获得第一个正式职称，即初级职称. 经过几年的教学，他们可以申请更高一级的中级职称. 相关部门根据其教学和研究表现，决定是否授予申请人中级职称. 同样，教师也可以申请更高的职称，比如高级职称，或者特级教师称号. 教师的收入也随职称的提升而相应地增加.

学测试. 同时,利用系统的时间取样和叙事观察,研究者观察了来自四个城市的800节小学数学课(Lee,1998;Stigler & Perry,1988a). 这些研究发现了东亚和美国数学课堂的一些差异. 关于学生的参与得到如下结论:

- 东亚学生比美国学生更加潜心于教师提出的数学任务中.
- 东亚学生提出自己的想法的频率明显高于美国学生.
- 与美国教师相比,东亚教师总是给学生评价,甚至纠正学生的想法和答案.
- 东亚教师一般都参与学生的自我评价过程.
- 在解决数学问题时,东亚学生有更多的机会展示、解释并评价他们的方法.

而关于学生的思维和理解,得到下列结论:

- 与美国课堂相比,东亚课堂中用多种方法呈现一个数学概念的情况更加普遍.
- 在中国和日本的课堂中,教师更像一个协调者而不是法官.
- 日本和中国的教师更喜欢首先为学习活动提供具体的操作,然后才是抽象的概念,但是很少有美国教师这么做.
- 鼓励学生进行数学思考的质量不但取决于学生如何回答问题,而且取决于教师如何提问题. 与东亚国家的教师相比,美国教师很少采用什么方法帮助学生建立思考和对数学的概念性理解.

总而言之,在东亚地区的数学课堂里,学生积极参与学习任务,他们有机会进行数学的思考. 教师也常常应用他们自己的策略引导学生建立数学概念. 虽然老套的亚洲教育体系重点强调训练程序性技能,但是数据显示东亚学生也有比较频繁的课堂体验促进他们对数学的概念性理解(Lee,1998).

另外,史蒂文森和李(Stevenson & Lee,1995)认为,如果教师认真备课,而且教学比较熟练,日本和中国课堂的全班教学模式也有自己的优点. 中国的课堂在很多方面与日本相似. 例如,两国的教学风格和全班教学形式都是类似的.

(二)录像带研究(The Video Study)

以下介绍几个有影响的数学跨文化录像研究和一些小的录像带

分析研究.

TIMSS 录像带研究从德国、日本和美国随机选择了共计 231 节课进行了录像,结果将这三个国家的数学课分为三种不同的模式(Stigler & Hiebert,1999). 例如,日本模式是:(1)复习前面的内容;(2)呈现当天的问题;(3)学生单独或小组解决问题;(4)讨论解决方法;(5)突出并总结要点. 美国模式是:(1)复习前面的内容;(2)示范如何解决今天的问题;(3)课堂练习;(4)核对课堂练习,并布置家庭作业.

研究发现,不同的模式也有一些基本共同点:全班复习前面的内容、教师呈现问题、学生在座位上解决问题. 但是,这些活动在不同文化背景中扮演着不同的角色. 例如,德国的课堂中,老师呈现一个问题后,会花相当长的时间引导全班学生掌握解决问题的程序. 日本的课堂中,老师呈现一个问题后,会让学生单独或小组解决这个问题. 美国的课堂中,问题包含于情境中,老师通过情境中的问题给学生示范解决问题的步骤.

此外,他们认为教学是文化活动,教学的"原本"(transcript)扎根于不同的文化并形成独一无二的教学实践.

TIMSS-R 录像带研究(TRVS)是 TIMSS-R 研究的一个部分,它以每个参与国家或地区(澳大利亚、捷克共和国、中国香港、日本、荷兰、瑞士和美国)的 100 所学校的八年级数学或科学课为样本进行录像. 根据 TRVS 的报告以及其他一些小规模的定性课堂研究,梁贯成(Leung,2002)总结了东亚数学课堂的特征,这些特征可能促成了东亚学生较好的数学表现:

- 更多严格要求的内容;
- 更多的演绎推理和证明;
- 更多数学思想的探究;
- 课堂内容之间的高度相关.

学习者视角研究(Learners'Perspective Study,LPS)是九个国家或地区(澳大利亚、德国、中国香港和内地、以色列、日本、菲律宾、南非、瑞典和美国)参与的,由优秀老师执教的八年级数学课堂中的实践和相关意义研究(Clarke,2001). 每个参与的国家或地区使用同样的方法收集数据,分别从三所学校中录制连续十节数学课. 同时,对这三个参与班级的至少20名学生进行的课后访谈也进行了录像(Clarke, 2002). 根据TIMSS录像带研究以及学习者视角研究中关于日本课堂的结果,清水(Shimizu, 2002)解释了日本课堂的模式以及文化原本,这进一步确认了斯蒂格勒和海波特(Stigler & Hiebert, 1999)的发现. 在日本课堂模式中,教师总是考虑这样几个阶段:首先,提出一个问题;其次,学生自己解决问题;然后,全班讨论;最后,总结(练习、推广). 每个阶段需要考虑三个因素:主要学习活动,期望的学生回答,以及教学备注. 此外,大量由有经验的老师和数学教育者编制的关于特定主题的课程计划也是可以参考的. 因此,教师(尤其是新教师)可以根据课程计划中的框架实施教学. 然而,LPS中的数据表明,有经验的日本老师呈现一定的弹性,他们会从整体的角度以及学生对所学主题的理解程度考虑每个阶段.

斯蒂格勒、法曼兹和吉田(Stigler, Fermandez & Yoshida, 1996)比较了日本和美国的各20节录像课,这些课都是五年级计算三角形面积的内容. 他们发现了日本和美国课堂之间的三个显著差别:

日本教师总是依据学生的一贯表现拟定教学计划,其中强调学生的思考,并将预想到的学生反应写在教学计划中.

日本教师在教学过程中采用多种方法给学生提供思考的机会. 这些方法包括在课堂上给学生时间解决问题,不催促学生给出答案,提供公开讨论数学的机会,提问学生的问题可以引出较长的思考性回答,利用学生的错误进行反思和讨论,以及使用教具表示数学想法.

在传达数学观点时,日本教师不是把权威放在教师身上,而是放在方法本身,通过数学讨论评价解决一个问题的多种方法或者问题的解决方案.

二、关于中国课堂的研究

这一部分关注有关中国课堂,尤其是数学课堂的研究.

(一)中国的课堂

早在20世纪90年代,佩恩(Paine, 1990)根据他在1986～1987年间的实地调查,将中国(即中国内地)的教学描述为"大师模式"."大师模式"的特点是,课堂由教师解释说明性的演讲主导,学生只是听众.

根据佩恩的说法，中国的课堂教学以一种精确优雅的语言将知识传递给学生. 这一过程是一种艺术表现. 这种以传统方式传递知识的定位是保守的(Paine，1992).

佩恩(Paine，1992)认为许多中国教师信奉：(1)教学的中心目标是为学生提供知识；(2)作为所有教学的核心，学科内容知识是好的或优秀的教师的必备要素；(3)教师希望学生接受他们所提供的知识，知识传递的任何建构不是学习或教学的必须部分.

香港的课堂一贯被认为是“三 T”：教师为中心、教材为中心、考试为中心(Morris，et al.，1996). 例如，1982 年，经济合作与发展组织(OECD)客座小组的一份报告写道：

“我们观察的课堂趋向于以教师为中心，除了粉笔和黑板，很少使用其他工具. 在‘非考试’年中，气氛似乎非常放松. 但是在考试准备期，关注一切是非常重要的，只看到学生记笔记、很辛苦地完成模拟练习、机械地学习课文.”(Visiting panel，1982；引自 Morris，et al.，1996)

最近，教育委员会的观察报告指出：

“教师在课堂教学中一般采用教师示范的方法，也经常使用教具. 绝大多数观察到的课堂中都安排了课堂作业环节，但是其效果不是最好. 一些教师仍然是在他们讲完所有内容后，在一节课快要结束时安排课堂练习. 有些教师太局限于课本了，他们不会(或者说不愿意)适当调整特殊内容作业的深度以满足不同能力学生的需要.”(Education Commission 1993 Technical Annex 4F p. 8；引自 Morris，et al.，1996，p. 2)

根据对 197 节中国课堂的观察，莫雅慈和高(Mok & Ko，2001)发现，一节课通常包括一系列的学习活动，包括由教师主导的围绕一个特定主题的全班讨论，以及学生独立或小组完成的学习任务或工作单. 几乎所有的课都包括全班教学时段，其中的大部分都有师生互动或生生互动. 此外，互动分析表明，教师在直接教学和提问方面花了一节课的大部分时间. 但是，高比例的以教师为中心的活动并不说明学生是被动学习的，因为有证据表明学生在目标导向的课堂教学中是积极的. 同样的，卡塔兹和金(Cortazzi & Jin，2001)用证据说明，在中国的课堂中，虽然教师控制了整节课，但是学生仍然能够深入参与学习过程.

(二)中国的数学课堂

根据对北京、香港和伦敦三地112节初中数学课的观察，梁贯成(Leung,1992)这样描述北京和香港地区的数学课堂结构：

北京典型的课堂，首先是复习前面一节课所学的内容，通常通过提问进行；接着介绍本节课的主题，通过一定的讲解引出主题，有时候在讲解中结合提问；接下来，教师在黑板上讨论并做例题，这些例题通常来自课本；然后学生做练习；最后教师讲评练习、小结并布置作业. 香港典型的课堂，首先是提醒学生前面所学的内容；然后解释并举例说明新的内容，在黑板上呈现一些例题；接下来学生做课堂练习并到黑板上板演；最后教师讲评练习、小结并布置作业. 与伦敦的课堂相比，北京和香港的课堂相对来说更加结构化，几乎没有时间从事与学习主题无关的活动，小组活动比较少，更多的是全班教学，更强调记住数学结论，强调解题的规范性.

根据1995到1998年间对12所学校122节一年级数学课的分析，莫雅慈和莫里斯(Mok & Morris,2001)认为，虽然全班教学仍然是教学模式的主流，但是教师的角色不再是如佩恩(Paine,1990)所说的大师一样的表演者. 相反，他们像管弦乐队的指挥一样引导着一场演出的所有活动.

中国内地从20世纪50年代开始全面向苏联学习，教学模式也是深受苏联流行的教学模式的影响，包括：(1)组织教学；(2)复习旧知；(3)引入新知；(4)巩固新知；(5)布置作业. 全班讲课是课堂教学的基本方法，教师控制了整个课堂. 到了60年代，中国特色的数学教学模式开始出现. 这个模式通过"精讲多练"强调"双基"(即基础知识和基本技能). 然而，从80年代开始，在布鲁姆分类学和考试导向的影响下，强调练习和基于问题解决的课堂教学模式主导了课堂. 直到今天，中国内地还采用以下三条基本的数学教学模式.

- 听讲和练习：讲解是课堂的主要焦点，之后是教师的例题演示. 相当多的时间用于做练习. 在教师的引导下，学生需要熟悉教材和公共考试中的问题.

- 探究和练习：通过做大量练习，学生在教师的引导下探究不同的问题.探究活动分为几个简单的阶段.通过教师准备的启发式学习方法,学生逐步探究新的知识.

• 阅读和练习:学生在教师的帮助下学习教材,然后通过逐步练习,模仿老师的问题解决程序,记住关键步骤,最后获得解决常规问题的能力(张奠宙等,2003).

通过对上海一节典型数学课的细致分析,顾泠沅(1999)总结了典型的数学课的特征:

• 课堂是目标指向的,教学计划和实施指向教学目标.

• 教师不再独自讲解,相反地,他们通过广泛提问鼓励学生参与.

• 问题以比较紧凑的节奏逐步展开,其中伴随大量的练习和频繁的反馈.

• 教师主导课堂并强调基础知识和基本技能.

顾泠沅还发现,大部分的教师提问(占 74%)是记忆性的问题,其中的一些问题(占 41.9%)是一起回答的.学生在回答问题之前没有足够的思考时间(86.7%的问题没有停顿).

最近,对四节录像课的分析发现,澳大利亚、捷克共和国、中国香港和中国上海教师教勾股定理的方法是不一样的.黄荣金和梁贯成(Huang & Leung,2002)发现,香港和上海的教师倾向于通过各种活动和方法探究、证明定理.另外,香港和上海的教师使用的问题比澳大利亚和捷克共和国的要求更高.在这个意义上,香港和上海的教师在相似的做法背后体现了不同的教学理念.

三、小结

上述文献描述了中国数学课堂的一些特征.与西方国家的数学课堂相比,中国的数学课堂有如下特点:

(1)具有良好的结构并且有明确的教学目标;

(2)很少或几乎没有时间做与学习主题无关的任务;

(3)小组合作很少;

(4)全班教学占主导;

(5)关注数学结果和过程的记忆.

中国的数学课堂一般包括下列过程或阶段:

(1)复习前面所学的、与新课相关的内容;

(2)讲解并演示新的内容;

(3)在黑板上讲解例题;

(4)课堂练习,学生作业讲评;

(5)总结,布置作业.

(Gu, 1999; Lee, 1998; Leung, 1992; Mok, et al., 1999; Paine, 1990; Stevenson, et al., 1995)

另外,这些不多的研究得到了对数学课堂不同的结论. 例如,一些研究表明,中国也非常强调建构的方法、问题解决、探究活动和逻辑推理(Huang & Leung, 2002; Lee, 1998; Leung, 1995, 2002; Stevenson & Stigler, 1992),而其他研究者则认为中国学生是被动学习者,中国教师强调机械学习(Morris, 1985; Morris, et al., 1996; Paine, 1990). 近期的研究表明,在中国的课堂中,虽然全班教学仍然是主导,但是教师在组织活动方面扮演着关键角色,学生也高度参与师生互动和生生互动(Cortazzi & Jin, 2001; Mok & Ko, 2000; Mok & Morris, 2001).

现有文献中许多相互矛盾的结果促使研究者去探究中国的数学课堂中到底发生了什么. 尽管让研究者完全解释这些矛盾不太可能,但是根据这些文献,我们可以发现一些影响因素:

首先,不同研究之间的时间差一定影响着研究结果. 可以看出,研究进行的时间越晚,结果就越积极(如建构学习、以学生为中心). 例如,同一篇文章(Morris, et al., 1996)中表明,1982 年的研究发现教师不太用教学辅助设备,而 1993 年的研究指出教师经常使用教学辅助设备.

其次,不同研究采用的不同方法也可能导致这种矛盾. 例如,佩恩(Paine, 1990)这样描述中国的教学模式:教师说明性地讲解,学生被动地听. 她的结论来自现场调查,包括在中小学观察课堂并采访教师、采访不同的教师培训机构的教师教育者. 她的研究关注的是诸如课堂组织和程序之类的一般方面,没有涉及根本的数学内容. 因此,她的观察可能不能恰当地反映数学课堂教学的特征. 另外一个例子是史蒂文森和斯蒂格勒(Stevenson & Stigler, 1992)的研究,他们通过系统观察和时间取样编码研究课堂,辅之以叙事分析. 这种方法没有关注特定内容的处理过程. 因此,这样的研究可能在探究数学课堂特征的深度方面存在局限.

最后,这些研究基本采用"扎根理论"方法,数据的收集和分析没有理论的指引. 没有理论作为工具来审视数据的话,可能会影响研究结果的深度.

基于这些思考,本研究者希望从一个特殊的角度,以一个有效的数学学习理论为依托,通过调查不同老师如何处理某一特定内容来研究中国的数学课堂. 希望这样的研究可以为了解中国的数学课堂教学提供最新的描述,并对中国的数学教学法形成更好的理解.

第三节　影响课堂教学的因素

学习和思维总是受文化背景的影响,并且依赖于文化资源的使用(Bruner,1996). 同样的,正如斯蒂格勒和海波特(Stigler & Hiebert,1999)所说,课堂教学是一种文化活动. 因此,为了调查香港和上海的课堂实践,有必要知道中国文化的一些背景信息. 而且科勒和格鲁斯(Koehler & Grouws,1992)指出,教师的知识(包括内容、教学法和学生学习)和信念是影响教师课堂教学的主要因素. 另外,承认教材对课堂实践的直接影响是有道理的. 为了理解和解释课堂教学实践,以下将讨论中国的教育文化价值、中国关于学习和教学的观念、教师信念和教材对课堂实践的影响.

一、中国的教育观

中国文化的悠久历史得益于它组织完备的教育体系,它排除外部入侵和内部分裂,将中国文化统一在一起. 儒家学说的社会哲学从古至今指引着文化的发展,并影响着中国人的生活、思想和教育(Abraham,1989). 为了理解中国的数学教育,我们必须首先了解中国的教育观.

1. 重视教育和高的期望

儒家哲学强调道德品质的发展. 正是这种品质鼓励人们在社会中尽可能地承担义务,国家公务人员尤其如此. 2000 多年前,孔子在《大学》一书中说道，"大学之道，在明明德，在亲民，在止于至善"①. 根据他的观点，个人教养是所有教育的基础. 每个人都必须认识到个人教养是家庭和国家健康发展的基础. 因此，学习不仅是认识和理解的手段，也是为了个人完善、家庭荣耀和社会发展. "学而优则仕"的千年古训在中国历史上得到了证实. 李(Lee,1996)指出，对教育的重视"取决于儒家认为人是可以'学而知之'的". 孔子认为虽然每个人的天资不同，但是资质不影响人的可塑性. 儒家文化相信任何人都可以通过不断的努力成为贤人(Chai,1965,引自 Lee,1996,p. 30).

2. 强调考试

征募有才能的人为政府服务始于中国历史上的战国时期(公元前 403—前 222 年). 汉朝正式建立了选择有资格的政府官员的制度，但是选择的过程并不完善. 中国在隋朝(公元 589－617 年)重新统一后，首次采用了书面考试. 这种考试是为了选拔有资格的人成为公务员，后来发展成为科举体系. 书面考试需要应试者写一篇韵文. 那个时代，这是普通人为国家工作的唯一途径. 到公元 7 世纪的唐朝，科举体系得到了很好的确立和实施. 考试中，应试者的背景不是成为官员的条件，他们只要通过考试就能获得适当的官职(Siu & Volkov,1999; Zheng & Lee,1991;Zhu,1992).

从唐朝以来，学校教育成为到达社会顶层的重要的正式阶梯. 这鼓励了古代许多学生，尤其是来自贫穷家庭的学子坚持不断地努力学习. 他们的力量可能来自这样的信念："十年寒窗无人问，一举成名天下知"，"书中自有黄金屋，书中自有颜如玉"②. 在中国，考试不仅是一个传统，还发展成为了一种文化. 儒家传统思想认为，竞争和考试是区分在教育方面有无能力的公正可信的方法. "教育的目的不在于学习实践技能或在真实生活中的应用，而在于在考试中获得成功." (Cheng,1994)

3. 相信努力

受儒家思想影响的社会有一个基本信条：如果一个人竭尽努力，

---

① The Chinese Classics Vo. 1: The Great Learning, I. J. Lee(1960), HongKong University Press.

② 中国古代谚语.

那么他就可以获得成功(Lee,1996;Leung,1998). 中国的谚语“勤能补拙”可以解释这一信条. 一些研究发现,中国和日本的家长高度认同勤奋的价值,这一信念也直接影响了他们的孩子. 孩子们不知不觉地认可了勤奋在学校生活中的作用. 因此,大多数中国和日本的学生在学习方面比美国学生付出了更多的努力. 对中国和日本大多数当代人来说,这种对努力勤奋的积极影响的认可不是抽象的信条,而是日常生活中实实在在的指导(Hess,et al. ,1987;Stevenson & Stigler,1992). 在北京、香港和伦敦实施的一项调查显示,北京和香港的教师认为,相比于学生的能力,努力程度更能影响他们的成败,而在伦敦,结果恰好相反(Leung,1992). 最近,TIMSS 研究再次表明,东亚学生更多地将他们在数学方面的成功归因于努力(Beaton, et al. ,1996; Mullis, et al. ,1997). 家长和教师的高期望,以及公共考试的压力,可能构成了学生为成功和杰出而努力的成就指向的动机(Lee,1996).

4. 社会取向和遵从

中庸思想包含忠诚、体谅、诚挚等全部美德. 不偏不倚谓之“中”,折中调和谓之“庸”. “中”意味着所有人追求的正确方针,“庸”意味着控制所有人的固定法则. 中庸思想是中华民族建立的一个基本观念,也是中国教育的指导思想(Chang,1957). 另外,Sun(1983)根据社会关系来定义中文“人”的含义,并认为人是他的所有社会角色的总和.

西方文化强调个体、独立、自我管理和自我推动的重要性(Stevenson & Stigler,1992),而在中国,儒家哲学强调社会的整合与和谐. 与个人主义不同的是,杨(Yang,1981)认为中国文化是“社会定位”,他是这样描述的:

一个人的行为总是依照外部期望或社会标准,而不是内部愿望或个人完善,这样他就能够保护他的社会自我,并成为社会网络的一个组成部分(引自 Leung,1998,p. 26).

何与赵(Ho & Chiu,1994)认为,尽管中国文化承认个人主义和集体主义两种价值观,但是总体而言,实质上更多的是承认集体主义.

不管是信奉正统还是处于遵从,中庸观念是使得中国人能够成长和繁荣几千年的主要力量. 这是一种代代相传的民族精神. 作为整个教育哲学的基础,这种观念也是影响中国教育者行为实践的基本思想

(Chang,1957;Lau & Kuan,1989).

5. 本土的中国文化

由于香港社会的特殊性质,我们有理由认为香港的社会思潮融合了传统中国文化和现代西方文化的特性(Lau & Kuan,1989).特别是就数学教育而言,一些研究已经确认中国数学教育的一些特征与西方是相反的.例如,梁贯成(Leung,2001)指出了东亚地区和西方国家的数学教育在这些方面的差异:结果(内容)和过程;机械学习和有意义学习;刻苦学习和快乐学习;外部动机和内部动机;全班教学和个别学习;学科内容和教学法.类似地,张奠宙也总结了东方和西方文化对于数学教育观念的差异:统一课程和多样课程;考试高压和考试低压;教师中心和学生建构;形式演绎和非形式归纳;重复练习和适当操练;统一进度和个体发展;刻苦学习和快乐学习.

虽然中国的教育观能够帮助从总体上理解教育,但是中国关于学习和教学的观念或许更有助于理解数学课堂.下一部分将讨论这一问题.

二、中国关于学习和教学的传统观点

孔子(公元前551—前478年),伟大的哲学家和政治家,世界上第一个以他的教育哲学和教学实践为基础,系统地研究教育中的教与学问题的学者.经过历史的演变,孔子关于教与学的思想已经发展成为独立的中国观点.

(一)中国关于学习的传统观念

1. 学习和实践的整合

在中国古代,"学"或"知"一般意味着学习,而"习"意味着通过实践获得.许慎说:"学,觉悟也";"习,数飞也"①.朱熹(公元1130－1200年)这样解释这些字句:"学是模仿","习是小鸟学习飞翔"②.古代中国的汉字"习"的上半部分是"羽"字,意味着"习"是雄鹰通过飞翔离开巢穴的过程.很显然,"习"强调实践.

① 许慎.说文解字[M].北京:北京师范大学出版社,2000.

② 朱熹.论语集注[M].济南:齐鲁书社,1992:1130－1200.

孔子相信知识来自学习实践,“不怨天,不尤人,下学而上达”①. 另外,实践是学习的重要途径,正如孔子所言:“学而时习之,不亦说乎?”②

2. 理解和应用的整合

中国古代的思想家和教育家关于学习的观念中一贯强调,理解和应用需要整合起来. 孔子主张言行整合. 荀子认为“知之不如行之”,“行之,明也”③. 而且,朱熹认为“广泛地学习不如抓住要点,抓住要点不如付诸实践”④.

3. 认知活动和情感活动的整合

中国关于学习的理念中还有其他独特的要素,包括观察、思考、想象、记忆等智力因素,以及志向、动机、感觉、兴趣、专心等情感因素. 学习、思考、实践和行动的整个过程都强调这些因素. 子曰:“志于道,据于德,依于仁,游于艺”⑤,“三军可夺帅也,匹夫不可夺志也”⑥. 这表示,坚持不懈的意志对于学习是至关重要的. 另外,他还主张“知之者,不如好之者;好之者,不如乐之者”⑦.

总而言之,学习是包括一切的活动,其中需要开展实践,获得体验,通过理解和应用的整合大范围提升身体和精神状态.

(二)中国传统的学习模式

古代中国的学习特征包括一个独特的学习过程模式. 例如,孔子采用的学习方法具有这些特征:

第一,强调学习忠于事实而不是虚伪. 第二,不能忽视学习中思考

---

① The Chinese Classics Volume 1: Confucian Analects, Book XXXVIII, 37, J. Lee (1960), HongKong University Press.

② The Chinese Classics Volume 1: Confucian Analects, Book I, 1, J. Lee (1960), HongKong University Press.

③ 荀子. Xue Zi. Ru xiao. 北京:北京燕山出版社,1995:340—245 B. C.

④ 朱熹. 朱子语录:第13卷[M]. 台湾:正中书局,1962:1130—1200.

⑤ The Chinese Classics Volume 1: Confucian Analects, Book VII, 6, J. Lee (1960), HongKong University Press.

⑥ The Chinese Classics Volume 1: Confucian Analects, Book IX, 25, J. Lee (1960), HongKong University Press.

⑦ The Chinese Classics Volume 1: Confucian Analects, Book VI, 18, J. Lee (1960), HongKong University Press.

的价值. 思考是理解所学内容并形成记忆的途径. 正如孔子所说"学而不思则罔,思而不学则殆"①. 第三,孔子指出了学习的五个步骤,即"博学之,审问之,慎思之,明辨之,笃行之"②. 此外,根据孔子的学习模式,朱熹将其进一步发展为一个新的学习模式,包括:立志——博学——审问——慎思——明辨——时习——笃行③. 这些步骤之间的关系可以用图 2-1 说明.

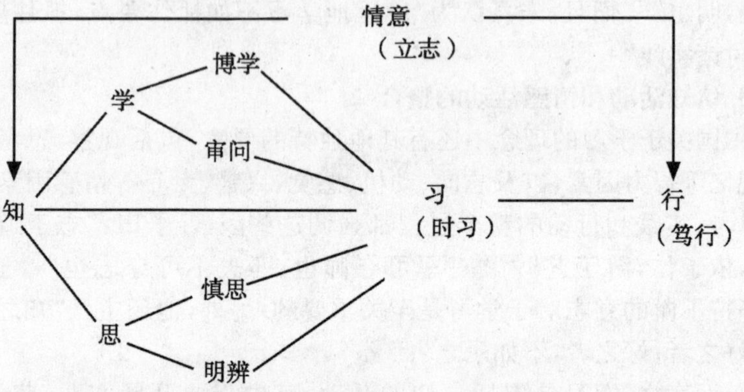

图 2-1　古代中国学习模式(顾泠沅,1994)

(三)中国传统的教学原则

孔子的教学目标不是培养某一哲学流派的学者,而是培养对社会有用的人. 因此,教学的目标包括两个方面:一是获得知识,二是形成完美的人格. 所以通过学习掌握知识对于形成美德是必需的,这样才能使心灵不被玷污(Tong,1970). 古代中国教学的主要原则可以分为以下几个方面(卢均昌,1992;张奠宙,1999).

1. 温故知新

孔子曰:"温故而知新,可以为师矣."④一方面,为了"温故而知

① The Chinese Classics Volume 1: Confucian Analects, Book II, 15, J. Lee (1960), HongKong University Press.

② The Chinese Classics Volume 1: The Doctrine of the Mean, Chapter XX, J. Lee (1960), HongKong University Press.

③ Cited in Zhang (1999), the outline of theory of teaching in China.

④ The Chinese Classics Volume 1: Confucian Analects, Book II, 11, J. Lee (1960), HongKong University Press.

新”，就需要经常实践.另一方面，经常的实践和复习可以加固并掌握知识和技能.朱熹非常详细地解释了这一原则：温，寻绎也.故者，旧所闻.新者，今所得.言学能时习旧闻，而每有新得，则所学在我，而其应不穷，故可以为人师.若夫记问之学，则无得于心，而所知有限，故学记讥其“‘不足以为人师’，正与此意互相发也”①.

2. 循序渐进

“循序渐进”原则表明，教学的实施要依照知识呈现的顺序以及学与教的规则.

孔子采用了几个策略.他考虑了学生现有的知识和认知水平，呈现知识时由浅入深，由简单到复杂，由近及远，等等，从而提升学生的理解和认知水平.他认为“无欲速，无见小利.欲速，则不达；见小利，则大事不成”②.此外，朱熹不但强调了循序渐进的教学原则，还明确描述了“循序渐进”这一概念，即“循序渐进耳，无以甚异于人而致其知也”③.

3. 因材施教

学习决定于学习者的能力和天资.孔子认同人与人在智力方面的个体局限和差异.在传递知识时，教师必须遵从学习者的感受.孔子会根据弟子不同的水平和背景对同一问题做出不同的回答.这种适应性对提高学习效果是必要的(Tong，1970).孔子认为“性相近也，习相远也”④.宋代(960—1279)的教育者总结了循序渐进教学的原则，并直接关注教学中的个体差异原则.例如，朱熹这样描述教学方法：“中人以上，可以语上也；中人以下，不可以语上也.”⑤

4. 启发诱导

孔子是第一个采用启发诱导方法的教育者，他用引导和推断方法教他的弟子.引导包含于学习，推断包含于思考.他说：“不愤不启，不

① 朱熹.论语集注[M].济南：齐鲁书社，1992：1130—1200.

② The Chinese Classics Volume 1：Confucian Analects，Book XIII，17，J. Lee(1960)，HongKong University Press.

③ 朱熹.论语集注[M].济南：齐鲁书社，1992：1130—1200.

④ The Chinese Classics Volume 1：Confucian Analects，Book VII，8，J. Lee(1960)，HongKong University Press.

⑤ 朱熹.论语集注[M].济南：齐鲁书社，1992：1130—1200.

悱不发. 举一隅不以三隅反，则不复也. ”[①]他强调启发学生而不是把他所知道的塞给学生. 他还认为“不待愤悱而发，则知之不能坚固；待其愤悱而后发，则沛然矣”[②].

根据孔子的观点，学生不应依靠教师学习，而应依靠自己的努力. 教师通过给予提示和建议帮助学生，这样学生就能够培养独立思考的能力而不是盲目跟随他人的观点.

三、教师信念

1. 信念

信念曾被看成是“杂乱的构想”，有着不同的解释和意思(Pajares，1992)，然而文献中能够找到一些比较集中的观点. 数学教育文献中对信念的定义主要集中于教师如何考虑数学、教学和学习的本质(Ernest，1989；Thompson，1992).

2. 教师信念和他们的实践

教师信念与实践之间的联系已经得到了很好的确认(Calderhead，1996；Thompson，1984，1992). 虽然教师所说的(采纳的信念)和他们所做的(发生的信念)之间的准确联系还不是特别清楚(Bishop & Clarkson，1998；Sosniak，Ethington & Varelas，1991；Thomps on，1992)，但是有案例表明，数学教师的信念、观点和偏好在形成他们的教学行为时起到了重要的作用(Calderhead，1996；Thompson，1992). 不过，信念对实践的影响显示出了它比较有趣的方式. 一些案例研究发现，教师关于数学、教学和学习的信念与课堂实践观察到的是一致的(Ma，1999；Pajares，1992；Van Zoes，Jones & Thornton，1994)，但也有一些研究说明了教师信念和教学实践之间的不一致(Raymond，1997；Thompson，1984；黄毅英等，2002). 例如，据汤普森(Thompson，1984)所述，一位名叫林恩(Lynn)的教师声称数学教学应该鼓励学生在课堂讨论中积极提问. 但是汤普森却发现林恩的教学主要是讲解和

① The Chinese Classics Volume 1：Confucian Analects，Book VII，8，J. Lee(1960)，HongKong University Press.

② The book of rites，translated by Xu Chao(1999)，Shan Dong Friendship Press.

常规的课堂作业. 汤普森(Thompson,1984)认为这种不一致来自林恩对数学教与学的潜在观点.

3. 香港和内地数学教师的信念

有一些关于香港和内地数学教师信念的研究. 梁贯成(Leung,1992)在北京、香港和伦敦进行了一项关于教师对于数学、数学教与学的态度的定量调查. 结果显示,北京的教师倾向于将数学看成受规则导向的固定学科;伦敦的教师认为数学是启发式的,并且充满变化;香港教师的想法处于两者之间. 另外,香港和北京的教师认为数学是开发智力的工具,而伦敦的教师将数学看成交流和应用的工具.

通过对 28 名美国数学教师以及 33 名中国数学教师信念的调查,安等人(An,2006)得到了如下结论:

- 美国教师坚决认为,在真实的生活情境中教数学以及将数学与具体模型联系起来是数学教学中的重要方法. 这能使学习更有意义、有可见性和应用性. 而中国教师认为,数学教育的目标是帮助学生获得数学知识,培养他们的批判性思维和逻辑推理能力,同时在现实世界中应用数学.
- 其次,尽管美国和中国的教师都意识到了教师深入理解数学的重要性,但是他们对如何在教学中使用数学内容知识有着非常不同的看法. 美国教师认为教师拥有可靠的数学知识不但是有效教学所必需的,而且还能够帮助他们理解学生的思维和理解. 大多数中国教师认为,为了教学的有效性,教师应该深入理解数学,这样才能够理解教材,把握重点,将知识及其他学科与数学教学联系起来.
- 美国的教学关注概念理解和程序发展. 在教数学时,教师总是将学习与具体模型及学生的日常生活经验联系起来. 而中国教师更关注程序发展,在教学中,中国教师总是强调问题解决和思维技能.
- 美国教师有选择地采用以学生为中心和以教师为中心的方法,而中国教师虽然承认以学生为中心的方法更有效,但是由于班级人数多以及文化的影响,大多数教师仍然在数学教学中使用以教师为中心的方法. 在中国,以教师为中心的教学被看成是启发式的方法,教师可以鼓励学生深入思考,积极学习.

多项研究表明,中国和日本的学生倾向于使用更加抽象的符号表示方法，而美国学生倾向于使用更具体的直观化表示方法(Becker, et al., 1999; Cai, 1995, 2000a, 2000b, 2001, 2002a). 而且，中美两国学生在使用不同表示方法上的差异出现得比较早，从幼儿园和小学低年级就开始了. 中国孩子更喜欢用口算来解决简单的加法问题，而美国孩子更喜欢依靠手指计算(Cai, 2002b).

佩里、黄和霍华德(Perry, Wong & Howard, 2006)进行了一项调查，对象为179名香港初中教师和249名澳大利亚新南威尔士初中教师. 结果发现，与新南威尔士的数学教师相比，香港的教师更愿意使用以儿童为中心的方法以及知识传递的方法. 在考试驱动的氛围下，香港的数学教师有着共同的期望：学生要在数学上获得成功. 这就可以解释为什么香港的教师频繁使用知识传递的方法，因为他们必须满足社会的高期望. 同时，学生对数学的理解是中学数学的另一重要内容. 因此，香港的教师比新南威尔士的教师更多采用以学生为中心的方法. 对西方研究者来说，这种知识传递与以学生为中心共存的状态看起来很奇怪，我们将在最后一章进行讨论.

最近，12名香港的中学数学教师和15名中国长春的中学数学教师参加了一个访谈，他们面对一些相同的假设情境，需要根据学生对这些情境的不同表现(是否把这些看成做数学)作出反应. 根据对访谈的定性分析，可以发现两个城市的教师有这样一些对数学的理解(黄毅英, 2002)：

- 数学是关于数和形的学科.
- 数学与运算很接近.
- 数学是精确而严密的. 这种观念在中国内地的教师中尤为突出，许多教师认为估计不是数学.
- 数学是美的. 中国内地教师的另一突出方面是认为数学是美的，一些教师提到了解决数学问题时的快乐.
- 数学是应用性的.
- 数学包含思维. 两个城市的教师一致同意数学包含思维.

另外，两个城市的教师对数学都抱着柏拉图主义的观点，认为数学是静态的，固定不变的. 数学是一个逻辑联系的知识结构，只能发现它而不是创造它. 教师倾向于将数学看成逻辑的严格系统，数与形通过精确运算联系起来.虽然教师们相信数学与日常社会生活相关,但是数学在日常生活中的普通应用,比如估算、记录以及数学地决策,这些都不在数学当中(黄毅英等,2002).

四、课程和教材

在过去的十年里,教育研究人员不断指出缺少对教材及其在教学实践中的作用的研究,这就引起了对这一领域的关注(Fan & Kaeley,1998).此外,关于教材在数学教学中作用的零散研究给出了不一样的结论.

一方面,一些研究表明了教材在教师的课堂实践中担任的重要角色.例如,巴尔(Barr,1988)研究了影响课堂教学内容的条件,对象是来自美国芝加哥三个不同地区的5所学校的9节四年级数学课.根据他的研究,课程类型和数学练习册上的练习决定了教学的内容.教师很少偏离教材内容.基本上,教材强调的内容及其在课堂中的发展和实践有着紧密联系,大多数教师紧扣教材进行教学.

范和凯莱(Fan & Kaeley,1998)研究了教材对教学策略的影响.他们比较了使用两种教材的两组教师的教学策略:一组是来自13所学校的14名教师,他们使用的是芝加哥大学学校数学项目(the University of Chicago School Mathematics Project,UCSMP)出版的教材;另一组是相同学校使用传统教材的14名教师.通过对课堂观察、教师访谈和问卷等数据的分析,研究人员发现,使用UCSMP教材的教师花在"小组合作"上的时间明显比较多,而花在"讲解演示"上的时间比较少,同时给学生更多的时间去"阅读教材",而"课堂作业"的时间更少.研究发现,这些教学方法的差异与UCSMP教材的特点有很紧密的关系.研究人员认为,教材之所以能影响教师的教学策略,是因为教师都直接采用教材中提供的教学方法.

但是,其他一些研究关于这一问题却提供了完全不同的视角.例如,根据对课堂活动的大量研究,包括对芝加哥11所学校22个五年级班级持续两个星期的观察,斯都多斯基(Stodolsky,1988)描述了数学教师是如何使用教材的.她认为教师没有使用教材中的所有内容,他们经常省略介绍性的例子或材料,只布置部分作业,这些作业不包括教材中的文字题和其他应用练习. 他们还使用自制的或可以买来的教具. 不过,教师很少介绍教材中没有的内容,也很少改变教材提供的教学顺序.

以上在西方国家中实施的研究也许不能反映东亚国家的现实. 派克和梁贯成(Park & Leung,2002)比较了中国、英国、日本、韩国以及美国的数学教材,指出在许多东亚国家,教师和学生将教材奉为"圣经",认为教材包含了所有必需的知识. 由于这些国家的公开考试都以国家课程为基础,为了通过公开考试从而进一步深造,学生非常依赖教材. 事实上,教师认为教材是课堂活动组织的唯一参考和最重要的教学工具. 研究人员指出,"亚洲国家的教材完全是标准指令,教师和学生都应该照做,因而课堂活动严格依赖教材. 另一方面,西方国家的教材只是众多帮助学生理解教学目标的材料之一,教师在决定课堂教学内容时具有很大的灵活性".

西方国家关于教材在课堂中作用的有限的文献提供了不一致的结果. 这可能正是西方国家文化多样性的一种反映. 不过,在东亚地区,教材似乎对课堂教学有着深刻的影响.

第四节　小结

本章简要介绍了香港和上海两个城市的基础教育背景. 通过回顾东亚地区尤其是中国关于数学课堂的一些重要研究,揭示了中国数学课堂的一些特征. 这为本研究提供了基础. 本章还讨论了影响课堂实践的因素,比如中国的教育观和中国关于学习和教学的观点、教师信念、教材等,这为本研究中可能的结果提供了解释的视角.

第三章 理论框架

进行一项研究，首先需要选取适当的理论取向. 例如，TIMSS-R 录像研究主要采用“扎根理论”(Strauss & Corbin，1998)调查跨文化课堂教学. 本章将按以下几个步骤说明本研究的理论取向及框架：首先简要讨论现象图式学. 其次详细描述一个新的研究范式，即“变异理论”，并阐述选择这一理论作为本研究的理论框架的原因. 接下来将讨论与变异概念紧密相关的两个数学学习和教学理论. 一个是在西方非常有名的迪尼斯(Dienes)的理论，另一个是在中国得到高度认可的顾泠沅的理论. 最后介绍基于这些与变异相关的理论发展而来的本研究的框架.

第一节 作为理论基础的现象图式学

与教育研究中的激进建构主义或社会文化视角这些意识形态不同的是，现象图式学在这类研究中相对较新. 这一理论不是为了让学习脱离于学习者，而是强调学习者和学习目标之间的内在关系. 它集中于定性地探究学习者不同类别的叙述和他们如何体验一个特定的学习目标之间的关系.为了更好地理解现象图式学的主要思想,这里将简要回顾马飞龙(Marton)以及其他学者(Marton,1981,1992,1993,1999;Marton & Booth,1997;Marton & Pang,1999;Neuman,1998,1999)关于现象图式学的工作.

1. 现象图式学和现象学有一个共同的研究目标,就是揭示人类经验和意识的本质.从这个意义上说,现象图式学可以看成"现象学家族的后代"(Marton & Booth,1997).但是,现象图式学的研究并不是为了形成一个独立的经验理论.它不是为了描述体验现象的所有方式的丰富性和充分性,而是这些方式的种类.它关心的不是描述一个对象的"现实世界",而是一个个体体验世界的方式的关键特征.因此,"现象图式学不过是现象学的表兄弟而已"(Marton & Booth,1997).

2. 现象图式学中,研究的单位是体验事物的方式,研究的目标是体验现象的方式变异.了解同一现象的不同观念,可以更好地理解人以及他们对现象的体验.为达到这一目的,我们可以寻找并定性分析人们对现象体验的不同描述种类.这是现象图式学最重要的一点.

3. 现象图式学的研究从定性的角度探究人类体验现象的不同方式.体验既不是精神上的,也不是身体上的,"体验本质上是一元的"(Marton & Booth,1997).不管考虑哪种现象,现象图式学总认为,体验现象的方式是有限的.

4. 现象图式学研究的目的是调查"体验到了什么以及如何体验到的"(Marton & Booth,1997),特殊的心理学功能是第二位的.根据现象图式学的观点,学习过程不能与学习者、学习背景和内容分离,因此,像很多心理学研究一样,研究"纯粹的"或"一般的"学习过程是有问题的.在这个意义上,"现象图式学不是心理学"(Marton & Booth,1997).

因此,现象图式学是一个理论的、方法的研究领域.在本体论上坚持一元论,这与现象图式哲学类似.根据这种本体论立场,我们的世界是一个由我们的感官体验的现实世界,但不同的人以不同的方式解释和理解,这决定于我们的早期经验(Neuman,1999).现象不与人们体验它的某一方式等同起来,而是它呈现在人们面前的错综复杂的综合体,包括历史的和当前的.尽管现象学的目的是描述人类体验一种现象的所有方式的本质,但是现象图式学的目的是探究和辨别学习目标出现方式中的变异.由于人们体验现象的方式是有限的,这使得现象图式研究的结果成为一个有用的教育工具,可以帮助教师理解学生以何种方式体验所教主题(Neuman,1998).

第二节　变异理论

一、一种关于学习的理论

根据现象图式学理论,学习是"个体和世界之间的内在关系"(Marton & Booth,1997).教学形式是为了让学生准备好面对未来世界的复杂性.波顿和马飞龙(Bowden & Marton,1998)指出"学习的最重要形式是让我们能够从不同的角度审视世界".我们应该将学习的能力看成是发展一种同时体验对象、主题、概念和其他很多事情(现象)的能力,以此建立个体与对象(现象)之间的关系.学习意味着形成一种观察事物的新方式,学习以某种方式观察事物,实际上是辨析并同时关注现象的某些关键特征(Marton,1999)."由于变异,我们可以经历并辨析我们必须面对的情境或现象的关键,在这个意义上,关注这些关键问题,从而出现了模式.由于已经经历了充满变化的过去,我们就有能力应对充满变化的未来."(Bowden & Marton,1998)

变异理论是理解学习的一种不同方式,这一理论包括一些重要的概念,比如焦点意识(focal awareness)、变异(variation)、辨析(discernment)和同时性(simultaneity).以下将深入解释这些概念.

二、体验(Experiencing)和意识(Awareness)

如果将学习定义为学会体验事物,那么就有必要解释什么是"体验事物"以及"以某种方式体验事物".

首先,"体验事物"与人类意识的结构和组织有关.当我们体验一个对象时发生了什么?那就是我们将意识指向对象的某些方面.根据顾维斯(Gurwitsch,1964)对"意识领域"的定义及其在学习上的应用,马飞龙和布兹(Marton & Booth,1997)认为:

某些现象或某些现象的特殊方面成为形象代表，这组成了意识的核心. 然而其他现象或现象的其他特征不是形象代表，这组成了暂时与核心相伴的周边领域.

在马飞龙(Marton & Booth,1997)关于意识剖析的工作中，“体验事物的方式”是现象图式学的研究单位，它与意识的组织形式相关. 它包括与对象本身对应的“是什么”，以及与行为相关的“怎么样”，可以表达为现象的两个方面之间的动态关系，其中的两个方面即结构方面和指示(意义)方面. 体验现象的方式的结构特征是指现象的不同方面之间的关系，这种关系组成了现象的全部意义. 这是双重的：首先，一件事物要引起人的注意，必须是形象的、主题化的，这必然预示着其他特征退居次要地位，并保持沉默. 其次，形象由一些部分组成，每个部分的相互影响作用于整体形象，形成总体意义. 此外，为了从背景中辨别出事物，我们需要给它一个意义，并将其看作一个特殊事物. 这就是前面所说的表示一个现象整体意义的指示方面. 结构以意义为前提，意义也以结构为先决条件. 因此，意识的这两个方面辩证统一，这为理解体验现象的方式提供了理论框架.

体验像一个小的白色茶杯这样的对象，焦点意识中必须含有对象的一些方面，比如大小、形状和颜色，同时也要辨别出来，并将这些方面相互联系，以及与整体对象相联系. 另外，我们还要从对象出现的背景中将其辨别出来. 我们要将茶杯从其他对象中分离出来，比如它所处的桌子等等.

因此，体验事物的不同方式受某一时刻意识的组织结构差异的影响. 换句话说，个人焦点意识中辨别出的对象的不同方面限定了体验事物的方式. 体验同一事物的不同方式之间的差异与意识结构的差异有关(Mok, et al. ,2001).

三、变异(Variation)、辨析(Discernment)和同时性(Simultaneity)

如果将学习定义为学会以某种方式体验事物，体验是辨析的前提，那么辨析就成为了学习的一个重要特征. 辨析是如何发生的？波顿和马飞龙(Bowden & Marton,1998)认为“变异是有效辨析的必要条件”. 如果没有可变性，那么我们现在使用的很多概念将毫无意义，也根本不会存在. 例如，如果世界上只有一种性别，那么性别的概念就会消失. 我们可以体验事物正是因为它们是可以被辨析的. 因此，变异是辨析的前提. 通过广泛的变异，我们可以抓住学习对象的不同方面. 另外，发生在一段时间或某一瞬间的不同变异可以唤起学生对学习对象的不同方面之间关系的意识. 通过比较哪些没有变化，哪些改变了，学习者可以发现一些模式，这就是学习发生的方式之一. 可以用一个例子来说明. 莫雅慈(Mok，2000)描述了学习三角形的过程：为了学习什么是三角形，学习者需要体验不同的三角形以及非三角形的图形. 关注一个重要方面的变异，例如边的条数和角的个数，必须在不同例子中单独或同时体现. 正是经历了不同三角形以及三角形和非三角形之间的变异，学习者形成了辨别三角形和非三角形的能力.

四、教学：构成变异空间

以上对变异、辨析和同时性的描述是以学习的经验研究为基础的(Marton & Booth，1997). 从这些理论基础出发，研究需要调查根据变异、同时性以及辨析理论，学生是如何学习的，什么是使用学习观点来研究教学. 它的意思是，教学包括由教师和学生共同形成的不同的学习条件. 根据教师选择的与课堂学科主题相关的内容，不同的变异空间包括不同的变异维度(或者说学习空间)，也就是供学生体验的学习条件(Mok，2000；Rovio-Johansson，1999；Runesson，1999). 马飞龙(Marton，1999)认为学习最重要的约束就是可以在某一情境中体验的变异. “根据这一观点，变异空间或者学习空间限制了学习条件的特征.”

例如，如果一个班级正在学习解决某一数学问题的特殊方法，一位教师可能通过改变数字来改变问题，另一位教师可能随着程序和结构改变图的方位. 这个例子说明了变式的一个维度. 在这个例子中，学生可以关注问题中的数和位置，同时将问题的结构和意义放在无须察觉的位置. 如果学生需要处理不同结构的问题，在解决问题前教师要解释这个结构，学生可能就会关注问题的结构和意义. 如果用不同的方法解决同一问题，那么解决问题的方法就会成为学习的焦点. 总而言之,变式的维度组成了学习空间.如果问题在结构和数字上有区别,那就有了一个变异的空间;如果问题在措词和数字上有区别而结构不变,那就有了另一个变异空间;如果给出了问题,但是解决问题的方式甚至表示问题的方式有变化,那么我们也有了另一个变异空间(Ng,et al.,2001).

马飞龙(Marton,1999)认为,"优秀的教学似乎应该与学习空间的本质有关,而不是采用的特殊教学方式,也不是教育资源组织的方式".

五、学习目标和课堂学习价值

如果只是观察教学,不能知道学生实际上学到了什么,因为教学不能直接决定学习.从变异理论的角度看,任何需要辨析的,无论它多么复杂,总是有一种变异模式供学生体验,从而学会它.为了能够总结出一节课的某个学习目标是否达成,我们需要考虑对一节课的特定学习目标来说,变异模式是否必要(Marton & Booth,1997).洛微一乔纳森(Rovio-Johansson,1999)认为"讲课当中学习的某些条件形成的方法与目标之间有着或多或少的联系".她进一步解释说,一个学习背景在某些方面比另一个好,原因在于它与学习目标有着更多的联系.通过观察教学,可以确定可能与学习目标相关的学习条件.与某些学习目标相关的课堂学习价值可以据此定义:在那个特定的课上是否有可能获得特定的目标.对于某一学习目标来说,如果它可以达成,那么这堂课就具有较高的学习价值(Alexandersson,et al.,2002).

第三节　选择变异理论的理由

一、理论基础

在讨论了教育学者和心理学家关于学习的观点之后,令人惊讶的是,在解决学习悖论这一最具挑战性的问题上仅有一点点进展.这一悖论的中心问题是无法解释新的复杂学习是如何从不太复杂的学习中形成的(Prawat,1999).一般认为,学习领域已经有了大量的研究,它们都是基于心理学和社会学研究发展而来的.很长一段时间内,两种关于学习的理论主导着研究领域，一种是激进建构主义(例如皮亚杰理论)，另一种是“情境认知”. 前者认为学习主要是个人的心理过程；后者包括各种不同的角度(例如社会建构主义、维果茨基学派)，强调文化实践、语言和他人在知识产生过程中的重要性(Marton & Booth，1997).

然而，两种学派实质上都是两元论者，因为他们要面对内部心理和外部世界两个方面. 因此，他们面临着更加严重的问题：如果心理独立于外部世界，内部心智如何形成并同时进行自我修正(Marton & Booth，1997；Prawat，1999)? 由于这样的悖论，诸如交互主义和现象图式学这样的非两元论开始出现. 例如，根据现象图式学的观点，“我们面对的世界是人类、学习者体验的世界——不是个体建构或独立的现实……世界只有一个，但这是我们体验的世界，是我们生活的世界，是我们自己的世界”(Marton & Booth，1997).

另外，在研究中需要寻求一种新的方法来审视学习(Bauersfeld，1992，1995；Confrey，1995；Cobb & Bauersfeld，1995；Saxe & Bernudez，1992). 例如，科布和鲍斯菲尔(Cobb & Bauersfeld，1995)选择建构主义和交互主义，因为建构主义认为学习者是数学学习方式的主动建构者，而交互主义认为学习包括在课堂文化中对数学意义的互动建构. 肯弗瑞(Confrey)认为，我们需要认识到，体验和背景是交织在一起的，个体和社会发展互相作用并得到适当的平衡. 根据以上观点，我们在研究课堂教与学的过程时，平衡个体和世界之间的关系是非常关键的. 现象图式学认为“用学习体验来描述学习，认为学习是以这样或那样的方式来体验世界”，这种观点就是对学习者和学习目标两者关系的平衡(Marton & Booth，1997).

在过去的二十年里，对待教育的看法从转移传递过程转向包含学习者主动参与的过程. 因此发生在课堂中的学习过程引起了许多课堂研究者的兴趣. 例如杰维斯基(Jaworski，1994，1998)关注教师如何促进学生对数学知识的主动建构. 一个名为“调查教学”的研究有三个特征：管理学习，对学生的敏感性，以及数学挑战. 福伊特(Voigt，1994，1995，1996)介绍了一种分析课堂互动的方法，分析单位是师生之间和学生之间的意义协商. 福伊特非常强调互动以及学习的意义协商.

仑内森(Runesson,2001)认为有必要研究教师是如何提供数学挑战并进行意义协商的,但是这些并不足够. 遗憾的是,那些研究没有解释在提供"数学挑战"和意义协商时,教师是如何处理具体内容的. 教师和学生正是通过内容进行互动(Smith,1983),"在讨论一个具体内容时,教师和学生的思想进行交流"(Alexandersson,1994). 所以,在为了意义建构进行教学时,必须考虑所教的某个概念的意义. 因此,我们有理由认为,学生的学习并不只是发生在课堂上的对话的结果,同时也是采用不同方式处理学科内容的结果(Runesson,2001). 现象图式方法植根于大量与学习有关的经验主义研究,而学习是体验和了解特定现象的过程.

二、实证研究基础

近年来,研究人员对将研究中的这一理论运用到课堂教学中越来越感兴趣(Ko & Chik,2000;Mok,2000;Mok,et al.,1999,2001;Ng,et al.,2000,2001;Pang,2002;Runesson,1997,1997,2001). 这些研究不但有助于理解课堂,更重要的是提供了深入研究课堂的有效方法.

仑内森(Runesson,1999)展示了如何用学习理论作为工具来分析教学. 她的研究目标是调查教师处理数学具体内容的各种方法. 她的研究表明,即使老师们教同样的内容,教学组织方式也相似,他们处理内容的方式还是有差异的. 她还发现,教师们使用变式让学生辨别内容的关键方面,但是变式的方法不尽相同. 当教师关注内容的某些方面时,他能够建立一个维度的变式. 也就是说关于一个特定方面,教师能够向学生提供一个变式.

仑内森(Runesson,2001)比较了两位老师教的关于分数的两节课,她认为这两节课看起来差不多,但是在对课堂的关注方面以及变式维度进行数据分析后,结果显示这两节课有明显差异. 一位教师关注分数的意义(即首先是部分/整体,然后是除法/商),但只是在表征方面有变化(图标的/符号的). 因此,在每个阶段意义是不变的,而只是表征形成了一个变式. 另一位教师在每个阶段都关注两个方面,因此每个阶段的意义也形成了变式. 仑内森认为,教师在处理相同内容时,有着相同的教学目标,使用了相似的例子,但是他们的教学可以形成不同的变异空间.

香港有一些关于课堂教学的研究正是从这个角度进行的. 例如, 吴凤平等人(Ng, et al. , 2001)发现, 教师在课堂互动活动中通过转换背景以及提问开放性的问题形成变式. 另一个例子, 高和奇科(Ko & Chik, 2000)认为, 通过变式让学生体验学习目标(比如提出开放性问题, 形成不同的中文阅读模式等)可以让学生抓住学习机会. 但是有时候教师容易忽视学生提出的变式, 从而舍弃了一些可能的学习机会.

通过对上海的一节数学公开课"邮递员问题"的详细分析, 莫雅慈(Mok, 2000)指出了教学中的七种变式: (1)不同的开放性问题或任务(每个都引出一系列不同答案); (2)背景(实际生活/数学化的); (3)任务或问题的焦点(邮递员/模式/关系); (4)学生在不同问题解决探索过程中的参与; (5)不同分类方法(静态形状/变形); (6)不同变形(旋转/反射); (7)一个特定变换的不同表征(口头的/动作的/符号的). 这些变式维度为学生在课堂中的体验提供了广阔的学习空间.

为了调查变异理论如何作为一种资源来促进学生学习经济学, 有人进行了一项研究, 该研究选择了两组教师, 每组 5 人(Pang, 2002). 两组教师在确定共同的学习目标之后, 采用同样的一组教案, 进行关于相同主题的四节课的教学. 一组作为控制组, 没有接受任何培训, 上课时采用他们自己的教学方法. 另一组作为试验组, 学习了变异理论, 以及他们在设计自己的教案时作为工具使用的相同的程序. 根据录像、学生作业和随机挑选的学生访谈得到的数据, 研究者发现, 关于"体验方式", 试验组的学生比控制组表现出对主题更好的理解. 这表明, 在实施的学习目标的差异和学生理解的差异之间存在内在的关系.

根据前面的讨论, 本研究选择现象图式学作为基本思想、变异理论作为工具来分析课堂, 尤其是研究不同城市的不同教师如何教某一内容, 是非常合理的.

尽管已经有很多的研究将马飞龙的变异理论应用在一般课堂中, 但是本研究是第一次尝试在数学课堂中如此深入地使用这一理论. 因此, 关注与变异概念有联系的数学学习和教学理论也是有帮助的. 西方文献中这样的理论是由迪尼斯(Dienes, 1963, 1971, 1973)提出的, 他就如何使用变化促进数学教学提出了几条原则. 另一方面, 在中国有一种由顾泠沅等(1994,1996)发展起来的数学教学理论也非常关注变式在实施有效的数学教学中的作用.顾泠沅的理论形成于20世纪七八十年代.当时的中国与国际社会相对隔离,因此他的理论完全独立于西方学者.接下来将详细讨论这两个理论.

第四节 迪尼斯(Dienes)关于数学学习的理论

一、迪尼斯(Dienes)理论的基本思想

基于皮亚杰理论以及在哈佛大学与布鲁纳(Brunner)共同进行试验数学项目的研究,迪尼斯(Dienes,1973)提出了一套数学学习理论.他认为,数学可以看成是结构关系,这种关系存在于与数有关的概念(纯数学)以及概念用于解决现实问题的应用(应用数学)之间.数学学习意味着理解这样的关系及其符号表现,并且获得将因此产生的概念应用到真实情境中的能力.

与皮亚杰关于认知发展的三阶段理论(Piaget,1952)相对应,迪尼斯(Dienes,1973)给出了相应的学习策略:

• 预备阶段,或者说玩的阶段,对应于不受引导的活动,这种活动看起来是无目的的,完全是自己的动作和享受.因此,这一阶段的学习应该尽可能地自由,将概念的组成部分作为玩的素材.

• 第二个阶段更有指向性和目的性,但是它的特征是对到底寻求什么还缺乏清晰的认识.这个阶段理想的活动需要一定程度的结构化.因此,有必要提供很多体验,这些体验要蕴含结构的变化,但是都指向概念.

• 第三个阶段必须提供足够的实践用于巩固和应用形成的概念.

可以将三个阶段中的活动称为:(1)预备活动;(2)结构活动;(3)实践活动.

迪尼斯认为,数学概念的发展可以通过一系列的循环模式获得,每个循环模式中都包括从具体到符号的学习活动序列.基于以上对数学学习的理解,迪尼斯(Dienes,1973)提出了如下几条数学学习的原则.

动态原则:预备活动、结构活动和实践活动都需要包含必要的体验,只要每种类型的活动进入的时间恰当,学生最终就能够建立数学

概念.

建构原则:在活动的构造过程中,建构应该总是先于分析.在孩子12岁之前,分析在学习中几乎是缺失的.

数学可变性原则:学习包含某些可变因素的概念时,学生应通过尽可能多地体验这些可变因素来学习.

知觉可变性原则:要为概念形成过程中的个体变化留出足够的余地,同时也要促使学生从抽象中获取数学本质,要以尽可能多的知觉等价物呈现相同的概念结构.

二、变异概念例证

迪尼斯(Dienes)用两个具体的例子说明了变异的两条原则.

关于数学可变性:通常认为数学变异就是弄清楚一个概念可以在其他背景中推广的程度.通过提供最多的体验和结构,进而促进概念的形成,令人满意的结果是所有可能的变量都变化了,但概念不变.例如,为了学习平行四边形的概念,通过改变角度大小、对边长度以及位置来改变形状,而保持对边平行,这些方法都对形成概念有帮助.很显然,对于概念的形成来说,放在同一位置的一组全等平行四边形就不适当.

关于知觉可变性:如果任务看起来很不同,但实质上具有相同的概念结构,那么就应该将概念结构从关于相同概念主题的不同载体中分离出来.换句话说,知觉表征应该围绕概念结构的不变量而变化.例如,平行四边形可以画在纸上,可以用两个木制的全等三角形拼出来,可以在钉板上用钉子描绘出来,也可以在墙纸图案中看到,等等.学习者学习这些不同表征当中共同的特征,而这种共同特征就是数学概念.

第五节 顾泠沅关于数学教学的理论

在中国,顾泠沅(1994)根据“青浦实验”提出了一个重要的数学教学理论,青浦是上海的郊区,“青浦实验”在那里实施了超过15年的时间.从20世纪90年代开始,中国国家教委开始推广实验理论,因此它影响了中国中小学的教与学,尤其是数学教学.巧合的是,这一理论强调来自优秀的课堂实践中的变式教学. 这个理论不仅仅来自数学改革实验，还植根于中国传统的学习与教学概念，同时也受到西方学习理论的影响. 以下部分将介绍顾泠沅的理论，包括上述三方面内容：数学学习、教学以及其他相关研究.

一、一个现代中国的学习模式

西方有一些不同的学习理论，比如行为主义、认知主义和建构主义. 行为主义者（比如斯金纳）强调身体行为在学习中的地位，因此学习被简化为刺激—反应过程，忽视了学习者的活动. 认知主义者（比如皮亚杰）非常关注认知行为，也就是认知结构，所以焦点就放在了同化和顺应过程中认知结构的重建上，忽略了身体活动，而身体活动在重建中扮演着重要角色. 近年来，社会建构主义者（比如 L. S. 维果茨基）通过强调活动的内化在心智行为和身体行为之间获得了平衡，这种活动的内化一开始出现在心理水平，主要是通过掌握文化的征兆和符号，学习使用它们并让自己的行为更熟练（Gredler，2001）. 顾泠沅（1994）以长期（大约 15 年）实验为基础，结合对中国哲学以及西方学习理论的思考，提出了一个学习模式，如图 3-1 所示.

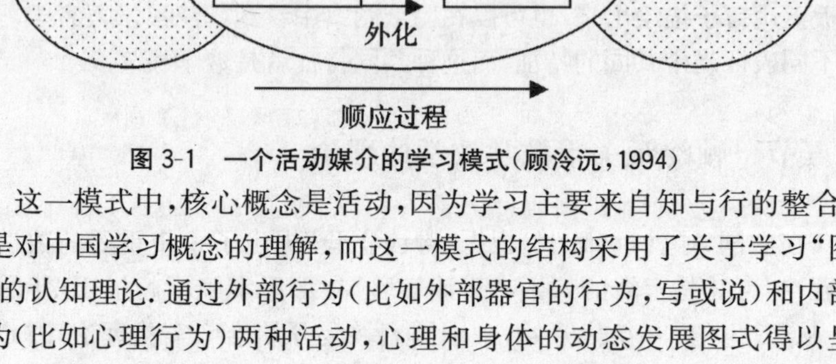

图 3-1　一个活动媒介的学习模式（顾泠沅，1994）

这一模式中，核心概念是活动，因为学习主要来自知与行的整合，这是对中国学习概念的理解，而这一模式的结构采用了关于学习“图式”的认知理论. 通过外部行为（比如外部器官的行为，写或说）和内部行为（比如心理行为）两种活动，心理和身体的动态发展图式得以呈现：在原有行为结构和认知结构的基础上，或是将环境对象进行同化，或是因对环境因素的顺应形成新的行为结构和认知结构.

二、现代中国数学教学原理

(一)教学原理

根据长期的青浦实验，对植根于中国文化的教学概念的理解，以及对西方理论的部分借鉴，顾泠沅(1994)提出了有效的数学教学的若干原理：

1. 情意原理

学生的心理活动包括认知结构和情意状态两个因素，它们互为前提，互相促进. 激发学生的学习动机、兴趣和热情，加强教师和学生之间的交流是促进认知发展的动力.

2. 序进原理

来自外界的知识和经验可以内化为学生的认知结构、情意状态和行为结构. 要提高教学效率，教师要呈现结构化的知识，允许学生逐步积累，并组织分层次的学习过程.

3. 活动原理

学生的内部认知结构和外部行为结构相互影响. 教师要精心组织，让学生主动参与行为活动和认知活动. 通过这些有准备的活动，学生的行为结构和认知结构得到共同优化.

4. 反馈原理

学生的心理和行为发展很大程度上决定于学生的反馈. 通过评价学生的反馈，教师及时、恰当地调整他们的教学策略，并促进学生的自我评价，学习效率可以得到很大提升. 有效的反馈是达成教学目标的保障.

(二)原理的理解与执行

顾泠沅用三个成分说明他的原理：知识固着点(先行组织者)、潜在距离(脚手架)和变式.

1. 知识固着点

知识固着点的概念借用了奥苏贝尔的“先行组织者”(Ausubel, 1968)的概念. 奥苏贝尔认为，只有在学习者的已有知识和新知识之间建立了联系，有意义学习才会发生. 顾泠沅进一步指出影响有意义学习的主要因素是与新知识相联系的学生已有知识中的相应部分，即

“知识固着点”(顾泠沅,1994,1996)及其性质. 因此,他强调教学中已有的“先行组织者”的功能,这是获取新知识的基础(Gredler,2001).

2. 潜在距离

布鲁纳(1964)提出了认知发展的三阶段模型. 第一阶段是行为把握,在动作中描述知识表征. 第二阶段是图像把握,这是对形象的视觉概况. 第三阶段,也是最高级的阶段,是符号把握,指使用文字和符号表示经验(Gredler,2001). 但是,布鲁纳设计的实验与中国教师的观念有差距. 在一项关于学生新知识与已有知识(知识固着点)的关系的实验中,顾泠沅提出了“潜在距离”的概念,以考察新知识与已有知识之间的距离(顾泠沅,1994). 下面这个例子可以说明潜在距离的概念. 给定两圆半径以及圆心距,需要探究两圆的位置关系. 如图 3-2 所示,对初一年级的学生来说,已有知识(即两条线段之间的距离)和新知识(即两圆心之间的距离)之间的潜在距离要比初二、初三的学生大.

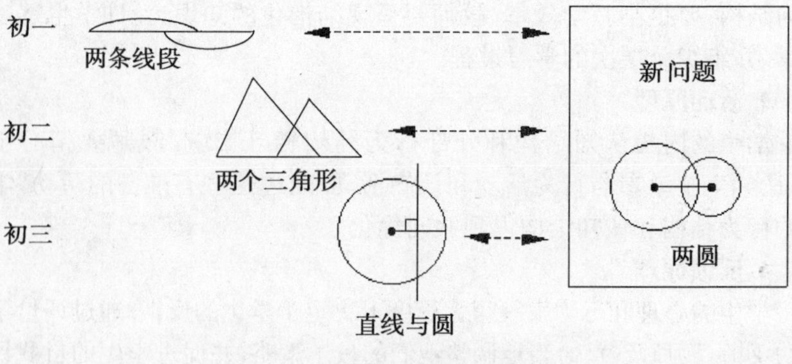

图 3-2　不同年级学生的潜在距离

实验表明,已有知识与新问题的潜在距离越远,任务的难度就越大. 这就意味着知识和经验是学习新问题的基础. 成功的教师擅长根据学生的已有知识和经验采用适当的“潜在距离”,并且能够把设计促进学生学习的适度序列活动视为课堂教学的灵魂(顾泠沅,1996).

3. 变式和学习

根据奥苏贝尔(1964)的学习理论,有意义学习的全部就是使学生能够在新知识和已有知识之间建立实质的、非人为的联结. 那么就有一个问题:什么可以看成实质的关系? 解决的办法就是用变式对学生进行检验(顾泠沅,1996).加涅(1977)将知识分为五种类型,即言语信息、智慧技能、认知策略、动作技能和态度.基于数学学习的特征,顾泠沅(2001)将数学学习分成三种类型:事实性知识的学习、过程性知识的学习以及策略和经验的学习.另外,通过理解现有的知识、理解获得现有知识的经验以及学会自己建构新知识这三个水平层次的认知过程,学生逐步建构知识.以下根据不同类型的学习说明变式的功能和方法.

(1)事实性知识的学习

在学习过程中我们可以识别变式的三个维度:内外变式、垂直变式和水平变式.

内外变式:概念包括内涵和外延.通过研究大量例子,发现关于关键属性和非关键属性的变化.

垂直变式:有两种获得概念的方式,即归纳学习法和演绎学习法.归纳学习法是指从一些具体的例子中识别出某一类的共同特征,建立一个更加抽象的概念.演绎学习法是指从一个一般概念中形成子概念.这里有一个演绎学习的例子:教师通过对比直角的和非直角的各种三角形,介绍直角三角形的概念.

水平变式:这是指根据新的概念或事实与其他领域的某些相似之处进行类推,从而学习新的概念或事实.例如,根据用勾股定理学习矩形对角线的经验,学生可以通过类比找到长方体盒子的对角线.

(2)过程性知识的学习

获取过程性知识的关键是在现象的变式中寻找不变性(顾泠沅,2001).

例如,如图 3-3 所示,研究不同形状三角形(比如直角三角形、等腰三角形等)的面积,知道计算面积的基本公式是三角形的底边与该边上高的乘积的一半.

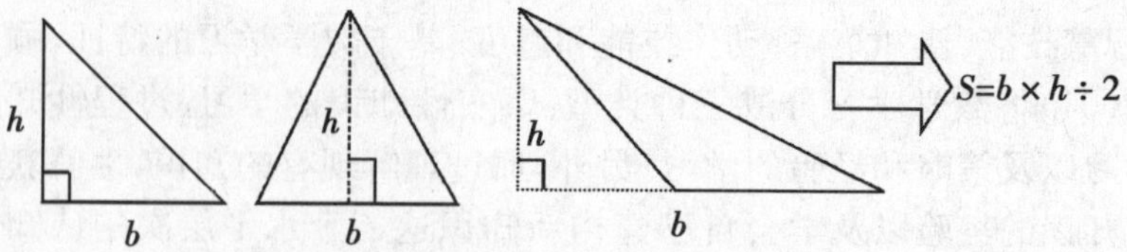

图 3-3　变化的三角形中的不变性

另一个例子：如图 3-4 所示，通过观察各种平衡的情境，发现力和力离开支点的距离的乘积不变.

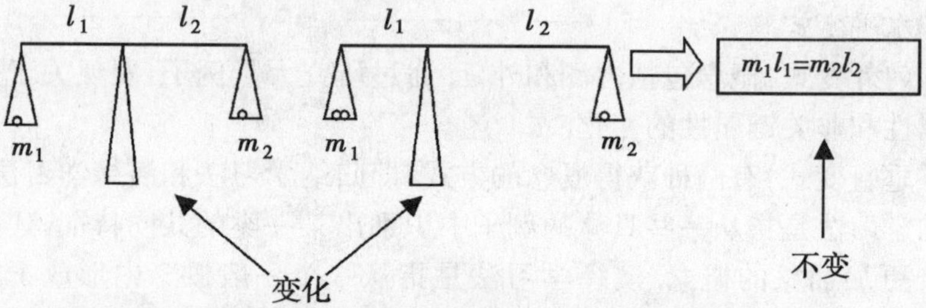

图 3-4　平衡状态下重量变化中的不变性

(3)策略的学习

顾泠沅认为，问题可以分解为三个基本成分. 初始状态 A 是问题的条件. 解决问题的过程 B 是运用已有的知识、经验和给定的条件，向结论过渡. 最后阶段 C 是结论. 如果一个问题包含明显的条件、结论以及学生熟悉的解决过程，那么这个问题就是标准的. 如果对标准题作一些变化，使三个基本成分缺少一个或两个，或者学生不清楚这些成分，这样得到的题就是封闭性变式或开放性变式. 正如表 3-1 所示，这三个变化逐渐相关，表中的 x、y、z 是对应于 A、B、C 的未知因素.

表 3-1　问题的变式及其作用

维度	标准题	封闭性变式题	开放性变式题
值	ABC	ABz AyC xBC	Ayz xBz xyC
作用	记忆	解释	探究

另外,顾泠沅(1994)解释了为什么说一个具体问题的分类是相对的.事实上,这取决于提出的任务,以及学生的知识背景.例如,解方程 $x^2-4x=1$ 这道题,在学生学了求根公式后是封闭性变式题(ABz 型).但是,如果学生没有学习求根公式,需要将原来的方程写成 $(x-2)^2=5$,然后再求解得到 $x=2\pm\sqrt{5}$.这样的话,求解过程和结论在求根过程中都不明确,因此这个问题就是开放性变式题.顾泠沅认为,"如果教师根据教学内容、学生的年级以及实际水平设计变式,那么逐步的变式方法能够提高教学有效性".

此外,根据对中学同一年级(1989~1990 年)3000 名学生的实验,顾泠沅(1994)发现布鲁姆的教学目标分类(即知识、运算、领会、应用、分析、综合)可以简化为三个目标.这三个目标是记忆(包括知识和运算)、解释(包括领会和应用)、探究(包括分析和综合).令人惊讶的是,通过分别为学生提供三种问题变式,学生可以获得这三个教学目标.

三、顾泠沅理论的相关研究

(一)顾泠沅关于变异理论的经验性研究①

早在 20 世纪 90 年代初,变式的功能就在几何教学中得到了体现(青浦数学教学改革与实验小组,1991).变式的主要功能是为概念的形成提供直观感受.概念包含在图形的变式中,学生在体验变式的过程中获得概念.以图形变式为基础,通过对图形特征的研究和比较,学生提取出本质特征,而撇开非本质特征.另外学生通过综合与归纳形成概念.以下是经过验证的变式维度.

使用非标准图形:由于图形是概念形成的基础,因此一开始就为学生提供标准图形是很有帮助的.然后通过逐步改变图形的方向、位置和结构,为学生提供不同的图形.最后学生要研究非标准图形.因此,可以通过研究标准图形引入概念,然后通过研究非标准图形巩固概念.

识别概念:为了让学生准确获得某个概念,教师可以使用一些不

① 参见《学会教学》(青浦数学教学改革与实验小组,1991)中顾泠沅的经验研究,以及他在 1994 年的书中的相关理论.

一致的例子作为反例.

(二)当前关于变异理论的反思和实施的研究

近年来,中国很多学者致力于将变式教学理论化,也提出了一些实施变式教学的有效策略.

例如,刘长春(1998)认为,变式教学不是单指题目的变式,而是泛指知识形成过程中的问题设计、基本概念辨析型变式、定理和公式的深化变式、多证变式及变式应用,例题或习题的一题多解、一法多用、一题多变、多题归一,教学方法的灵活多变等. 林伟(1993)给变式教学下了一个定义:变式教学就是有目的地从多方面、多层次、多维度去思考、分析、学习数学知识,培养学生理解数学概念、灵活运用数学公式、提高解题应变能力的一种教学方法. 经常讨论到的问题有:

• 通过研究从特殊到一般的案例,归纳法则并建立概念(刘长春,1998;林伟,1993).

• 通过一系列变式问题理解、巩固概念(刘长春,1998;林伟,1993).

• 数学课堂教学中运用一题多变、一题多解发展学生的创造性思维(Feng & Zhang,2000;江访良,2000;林伟,1993;Zhang,2000).

此外,由顾泠沅领导的一个研究小组总结分析了中国已有的关于变式教学的研究(鲍建生、黄荣金、易凌峰和顾泠沅,2003).

顾泠沅理论中的变式可以分为两种类型,一种是"概念性变式",另一种是"过程性变式". 概念性变式包括两个部分,一个部分由概念外延的变式组成,分为标准变式和非标准变式. 另一个部分通过与反例或非概念图形的比较突出概念的本质属性. 概念性变式的作用就是让学生从多个角度理解概念.

过程性变式关注概念形成的逻辑性、历史性过程,问题解决方案的获得(脚手架,迁移),以及知识结构的形成(不同概念之间的关系). 过程性变式的作用是使学生逐步掌握知识,在问题解决过程中逐步获得经验并形成结构良好的知识.

另外,鲍建生、黄荣金、易凌峰和顾泠沅(2003)还讨论了顾泠沅、马飞龙(Marton)以及维果茨基三人的理论之间的关系. 结果指出,顾泠沅所指的概念性变式与马飞龙的理论中对变式的描述比较相似,而过程性变式以及“潜在距离”是对源自维果茨基的“最近发展区”理论(1962)的脚手架概念(Wood, Brunner & Ross, 1976)的回顾. 最近发展区是指“独立解决问题的实际发展水平与在成人指导或与能力更强的同伴合作下的潜在发展水平之间的距离”(Vygotsky, 1978).

这里的脚手架包括教师在最近发展区内提供的指导和相互支持(Smith, 1992). 虽然顾泠沅的变式教学概念是独立发展而成的,但是他提出的很多理念与西方其他著名的理论是相似的. 因此,顾泠沅的变式理论对于研究中国的数学课堂教学很有帮助,因为它是以在中国学校中实施的长期的数学教学改革为基础的.

第六节　本研究的理论框架

一、迪尼斯(Dienes)、顾泠沅和马飞龙(Marton)的与变异相关理论的比较

根据迪尼斯、顾泠沅和马飞龙理论中的描述,我们可以发现变式概念中的一些差异和相似之处. 首先,马飞龙的理论中现象的结构特征和指示特征对应于迪尼斯理论中的数学可变性和知觉可变性. 而且,结构特征和数学可变性本质上都是指概念的内部结构特征,指示特征和知觉可变性都是指将概念从表象中分离出来. 其次,迪尼斯的数学可变性和知觉可变性与顾泠沅理论中的概念性变式十分相似. 但是,顾泠沅的理论更多关注数学可变性,而不像迪尼斯那样更多关注知觉可变性. 这可能是因为顾泠沅的变式概念来源于初中数学教学,而迪尼斯的变式原理来源于为小学生设计的具体材料. 再次,马飞龙和迪尼斯似乎主要关注概念学习,并没有充分关注学习过程. 虽然迪尼斯的理论中将概念形成过程看作“动态原理”,但是只有顾泠沅的理论将概念形成和问题解决的过程看成过程性变式. 因此,顾泠沅的理论扩展了变式概念,包括了迪尼斯和马飞龙理论中的各个方面. 比较有意思的是,这三个理论来自不同的文化背景,但关注了比较相似的促进数学学习和教学的变式概念. 这可能说明了变式概念是数学学习和教学的重要方面.

二、本研究的理论框架

正如前面本章第二节中所说，本研究以现象图式学为基本理论取向，将变异理论作为研究课堂教学的主要工具. 不过巧合的是，前面讨论的顾泠沅的数学教学观念也非常注意有效的课堂教学中的变式原则，这反映了迪尼斯关于变异的观点. 因此，下面的讨论将不再明确涉及迪尼斯的术语.

顾泠沅的理论以他的有效数学课堂教学和理论反思为基础，具有实践指向性并扎根于中国传统文化. 马飞龙的变异理论源自现象图式传统，具有哲学指向性并扎根于欧洲文明. 尽管这两个理论有着不同的来源和方法，但是他们在课堂学习和教学的变式方面有着相似的规则. 表 3-2 比较了这两种理论的主要观点.

表 3-2　两种变异理论的比较

要素	马飞龙的理论	顾泠沅的理论
本体论	非二元论	没有提到
学习	学习是个体与环境之间的内在关系	学习是已有知识、经验与新知识、新经验之间的内在联结
学习结果	形成一种新的体验和观察事物的方式	在已有知识和新知识之间建立真实的（逻辑上的和本质上的）关系；改变个体的认知结构
学习的组成	通过同时辨识变式的维度，组成关注学习的关键特征的变异空间 关键概念：变异，辨析，同时性	通过精心设计的活动刺激学生的动机；逐步呈现新的知识. 通过变式练习巩固新的知识 关键概念：知识固着点，潜在距离，变式
教学设计中的主要问题	教学就是构成学习空间，需要通过适当的课堂活动关注学科学习的关键特征	四条教学原理：情意原理、序进原理、活动原理、反馈原理 关于变式：根据不同的学习内容，例如学习概念、学习法则、学习问题解决策略等，变式有不同的方法

从表 3-2 中可以看出,马飞龙的变异理论包括本体论(非二元)和哲学论(个体与外界的内在联系,或者说非实证主义),这也表明所采用的方法是定性方法(Cohen,et al. ,2001). 理论也清楚地说明了什么是学习,什么是学习的结果. 但是,这一理论对教学本身以及如何设计教学关注较少. 幸运的是,尽管顾泠沅的变式理论没有明确本体假设,但说明了什么是有效的课堂教学,并为如何设计、实施数学教学提供了丰富的原理和建议. 马飞龙的变异理论具有哲学的理论基础,但缺少课堂学习和教学实践;顾泠沅的变式理论在教学实施方面具有丰富的实验材料和实践工具,但缺少所谓的理论背景. 如果用顾泠沅关于数学教学的观念和实践材料来充实马飞龙的变异理论的操作层面,应该是一个好的尝试. 本研究将采用修正后的数学课堂教学分析模式,具体如表 3-3.

表 3-3　马飞龙的变异理论的扩充

要　素	解　释
本体论	非二元论
学习	学习是个体与环境之间的内在关系
学习结果	形成一种新的体验和观察事物的方式
学习的组成	通过同时辨识变式的维度,组成关注学习的关键特征的变异空间 关键概念:变异,辨析,同时性
教学设计中的主要问题	教学就是构成学习空间,需要通过适当的课堂活动关注学科学习的关键特征 根据不同的学习水平,例如学习事实性知识、学习过程性知识、学习问题解决策略等,变式有不同的方法(引用顾泠沅的理论). 而且,不同类型的问题服务于不同的教学目标

根据表 3-3,在本研究扩充后的理论框架中,本体论和认识论层面完全采用马飞龙的变异理论;在操作层面,即教学设计和实施,采用了顾泠沅理论中的部分内容,比如问题的分类及其在教学中的作用、不同类型的学习变式,这样可以使马飞龙的变异理论更具可行性和实用

性.

第七节 小结

本章详细讨论了马飞龙的变异理论，这也是本研究的理论基础.接着分析比较了迪尼斯和顾泠沅关于数学学习和教学的两个理论.马飞龙的变异理论来源于西方文化，顾泠沅的变式理论以在中国长期的数学课堂教学实验为基础，通过对这二者的结合，并受迪尼斯的变异概念的启发，本研究建立了一个组合的理论框架.

第四章 方法论

前面的章节中讨论了文献和理论基础，这为研究问题的选择提供了依据，那么为当前的研究选择适当的方法论势在必行. 本章讨论五个方面的问题：研究方法的选择；主题和样本的选择；数据收集程序；数据分析程序；研究的有效性.

第一节 方法的考虑

正如科勒和格鲁斯(Koehler & Grouws，1992)所说，教学不但比最初认识到的复杂，而且它的复杂性正在增加. 很多调查采用不同的学科角度和框架，研究了课堂教学的复杂性和杂乱状态(Teppo，1998). 一些研究试图审视教学实践和诸如教师的学科和教学法知识之类的教师因素，以及教师信念(Aguirre & Speer，2000；Thompson，1992)之间的关系(Fennema & Franke，1992；Ma，1999). 在这一领域的研究中，熊菲尔德(Schoenfeld，2000)建立了一个更全面的课堂教学模式，该模式关注教师的知识、目标、信念与教师的决策和行动之间的关系. 另一方面，很多研究本质上只关注教学实践(Cobb & Whitenack, 1996; Koehler & Grouws, 1992; TIMSS-R Video Study). 为顺应这一趋势,TIMSS-R 录像带研究在跨文化的数学和科学课堂教学研究方面作出了巨大的努力.

课堂不是教师实施预定的常规工作的地方,而是多种因素交互作用的场所. 一节课如何进展以及是否成功,在很大程度上取决于学生和教师之间的相互作用(Tsui, 1995). 从不同角度研究课堂有一个长期的传统. 早期的课堂研究非常依赖定量方法,通常使用预定范围的观察手段对课堂数据进行编码. 最近的研究提出定性方法,关注课堂中教学与学习过程之间的相互关系. 以下将阐述这两种方法.

一、定量方法

到 20 世纪 60 年代,系统观察已经成为研究课堂教学的主要方法. 麦金太尔和麦克劳德(McIntyre & Macleod, 1986)这样定义"系统观察":

在系统观察过程中,观察者刻意处于课堂活动之外,通过使用预定的分类或符号分析这些活动的特征. 这些分析可能发生于观察过程中,也可能根据音频、视频或课堂讨论记录进行.

分析课堂互动的目的是帮助教师提高对教学行为的控制能力,研究课堂互动与教学行为之间的关系,从而揭示一系列事件中的可变性(Flander, 1970). 毫无疑问,最有名的编码系统是内德·弗兰德(Ned Flanders, 1970)建立的. 弗兰德互动分析分类(Flanders Interaction Analysis Categories, FIAC)原本是为了考察教师的不同课堂实践与行为的变异,它包括以下 10 个类别(Flanders, 1970).

- 教师说话:(1)接受感情;(2)表扬或鼓励;(3)接受或使用学生的主张;(4)提问;(5)讲解;(6)给予指令;(7)批评或维护权威性.
- 学生说话:(8)学生被动说话;(9)学生主动说话.
- 其他:(10)沉默或混乱.

数据编码有两种方法. 时间取样是计算在特定的时间间隔内,比如每 5 秒或 1 分钟,某些活动发生的次数. 事件取样是计算整个实验中某些活动发生的次数. 但是,有批评认为系统观察只关注了定量分析,可能没有注意到一些只有定性分析才能获得的重要信息. 例如,有的批评认为系统观察的特点是:(1)只提供了“典型的”课堂教学数据;(2)忽视了数据存在的时空背景;(3)通常只关注明显的、可观察的行为,忽略了“某些有意义的特征”;(4)使用一种没有清楚界限的、粗糙的测量手段和类别可能歪曲或忽视一些性质上的特征,只关注那些可分类或可观察的东西;(5)关注少量的行动而不是整体概念(Hamilton & Delamont,1984,引自 Hammersley,1994).

二、定性方法

20 世纪 60 年代到 70 年代,系统观察成为主流,但对系统观察的批评在一定程度上推动了人种学和社会语言学的出现.事实上,在过去的十年间,定性研究范例已经开始成为数学教育研究的主流(Ernest,1998),尤其是在数学课堂研究领域.

将定性方法融入数学教育研究,就可能从不同复杂性水平和多个角度研究数学教学和学习.定性研究关注过程、意义和事实的社会组成本质,提供了其他方法无法获得的研究现象的视角(Teppo,1998).至于课堂,主要的数据包括教学计划、学校档案、日志、学生作业,等等.与此同时,话语分析(discourse analysis)成为一个重要的组成部分(Tsui,1995).

通过话语分析研究课堂教学最近正处于旺盛时期.这种方法强调意义协商或概念理解时的互动模式(Seeger,2001;Vigot,1996;Wood,1994).例如,伍德(Wood,1994)描述了两种类型的课堂互动,即漏斗模式与聚焦模式.漏斗模式互动的特点是:教师和学生参与一系列经过刻意设计的活动,这个活动逐步缩小学生的关注点,最后获得既定的解决方案和程序.与漏斗模式不同,聚焦模式互动的特点是:教师的引导问题不断调整,从而聚焦共同活动.一开始,聚焦模式似乎与漏斗模式相似,因为它也想要通过共同活动提供学习的机会.但是,由于教师提问的意图是让学生注意问题的关键特征,并让学生通过讨论自己解决问题,因此聚焦模式与漏斗模式呈现的方式不同.

不过,最近的研究指出,虽然人种学方法使得研究者能够发现新的经验事实并形成新的理论观点,但是这对于理论检验和发展是不适当的.汉莫斯利(Hammersley,1994)建议研究者将系统观察和人种学方法看成互补的方法，而不是“各自独立、相互排斥的范例”.

从 20 世纪 90 年代开始，研究者对使用录像带技术研究课堂教学越来越有兴趣，这是因为录像带数据具有独特性，而研究者可以采用多种视角进行数学分析和解释. 因此，发现新的教学理念、研究教学过程以及定性与定量分析的结合(Stigler，et al.，1997)，这些都成为可能. 斯蒂格勒和海波特(Stigler & Hiebert，1999)对德国、日本、美国的数学课堂教学的研究带来具有深远意义的结果. 受此启发，作为 TIMSS-R 研究(TIMSS-R 或 TIMSS 1999)的一个组成部分，TIMSS-R 录像带研究(TIMSS-Repeat Video Study，TRVS)从 1999 年开始实施，这是新一轮的跨文化录像带研究. 还有一项国际数学课堂的研究，被称为“学习者视角的研究”(Clarke，2002)，这是最近进行的. 由于本研究选用了 TIMSS-R 录像带研究中香港的一些录像，并依据 TIMSS-R 录像带研究的建议程序对上海的课堂进行了录像，因此下面将讨论 TIMSS-R 录像带研究的基本思想.

三、混合方法：TIMSS 录像带研究

第三次国际数学和科学研究(TIMSS)(1995～1996 年)包括 41 个国家，这也是目前最大规模的关于小学和初中学生的数学和科学成就的国际比较研究. TIMSS 还对德国、日本以及美国八年级数学教学进行了录像带研究. 这是国际上第一次获得教师课堂教学的录像样本. 研究人员采用定性和定量两种方法对这些录像带进行了分析，揭示并描绘三个国家的数学教学实践水平. 主要结果呈现在《教学的差距》(Stigler & Hiebert，1999)一书中. 另外，也有人对 TIMSS 录像带进行了第二次的分析(Inagaki，et al.，1999；Kawanaka & Stigler，1999). 例如，川中和斯蒂格勒(Kawanaka & Stigler，1999)研究了德国、日本和美国这三个国家八年级数学课堂中教师的提问技巧. 这一研究将课堂对话分为这样几类：(1)启发；(2)信息；(3)指令；(4)理解；(5)教师反应；(6)提供答案；(7)反应；(8)学生启发；(9)学生信息；(10)学生指令；(11)学生理解；(12)其他. 启发性提问又可以分为三个子类：是/否；名称/状态；描述/解释. 结果显示，在这三个国家中，教师主导课堂中的集体讲话(大约 70%的时间)，学生的讲话大都是回答老

师的问题.教师提出的高层次问题的数量相对很少.

作为 TIMSS 研究的跟进,又进行了 TIMSS-R 研究(TIMSS-R 或 TIMSS 1999),这个研究期望寻找新一轮的国际成就水平.与此同时,作为 TIMSS-R 研究的组成部分,TIMSS-R 录像带研究吸引了七个国家和地区的参与,它们是澳大利亚、捷克共和国、中国香港、日本、荷兰、瑞士、美国. TIMSS-R 录像带研究的目标就是获得每个参与国家或地区八年级数学或科学的代表性录像样本.通过严格的取样程序,研究对来自 100 所不同学校的 100 节数学或科学课进行了录像.

1. 数据收集

TIMSS-R 录像带研究根据严格的程序收集以下数据.(1)录像:每节课用两台摄像机进行录像,其中主要聚焦教师的一台由人工操作(详细信息可查阅 http://www.lessonlab.com/timss-r).(2)教师问卷:了解教师的背景信息、教学实践、态度以及专业发展.(3)学生问卷:了解学生的背景信息以及对教育的期望.(4)学生的书面作业:学生在课堂上的作业样本;课本相关内容、工作单以及其他在课堂上用到的东西的样本;教师用来评价学生对课上所教概念理解情况的试卷样本.

2. 转录和编码

TIMSS-R 录像带研究的录像收集之后,会被送到位于洛杉矶的课堂实验室(Lesson Lab),在那里对录像进行转录、编码和分析.首先会将录像带以及扫描后的辅助材料文件(比如教师问卷和学生问卷)数字化,并保存在多媒体数据库中.一旦将录像数字化,这节课就被转录,脚本也可以通过多媒体数据库中的时间编码与录像联系起来.然后,双语数学教育者会将教师和学生的对话翻译成英文.为了获得编码的高可靠性,在合理水平范围内对编码器进行了可靠性的交互评估.通过多媒体数据库软件系统 vPrism,编码器在处理脚本时,可以立即调用对应的录像,从而很容易地为解释脚本而检索背景(Stigler, 1998).

四、本研究的构思框架

上述分析强调并解释了录像带方法的优势.本研究将使用

TIMSS-R 录像带研究中来自香港的有价值的数据. 根据本研究的本质以及所采用的理论，实施该研究要有确定的程序. 第一，需要选择一个可供比较的共同主题. 第二，这些教授共同主题的录像带需要与 TIMSS-R 录像带研究中香港的全部数据等同. 第三，上海教授相应主题的课需要根据 TIMSS-R 录像带研究要求的程序进行录像. 第四，在转录录像后，要从变式角度对课进行分析，从而确定两个城市的变式模式. 第五，从文化的视角对结果进行解释. 本研究的构思框架详见图 4-1.

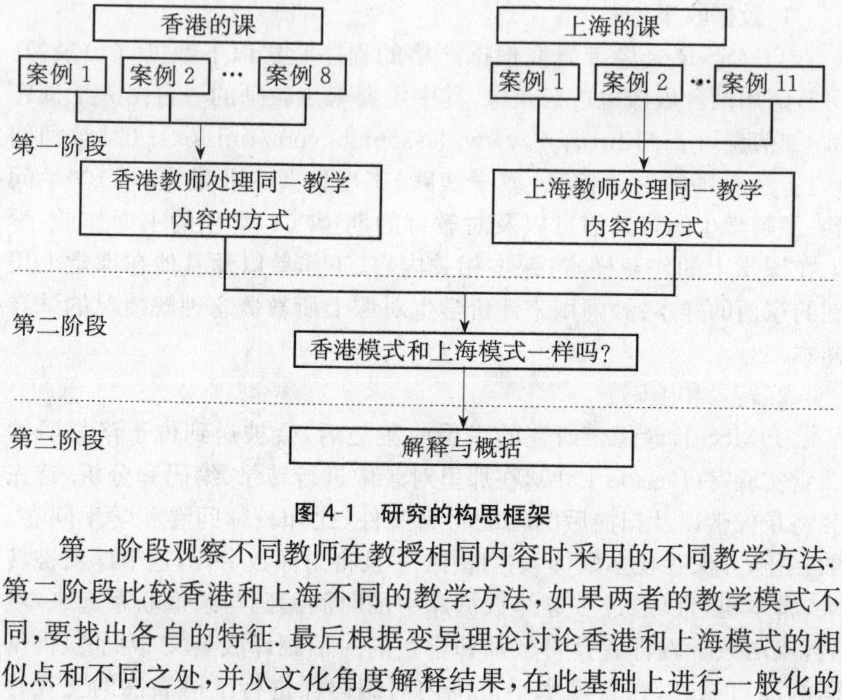

图 4-1　研究的构思框架

第一阶段观察不同教师在教授相同内容时采用的不同教学方法. 第二阶段比较香港和上海不同的教学方法，如果两者的教学模式不同，要找出各自的特征. 最后根据变异理论讨论香港和上海模式的相似点和不同之处，并从文化角度解释结果，在此基础上进行一般化的概括. 以下部分将详细说明有关问题.

第二节　共同主题的选择

由于本研究的初衷就是寻找教师为了让学生体验学习目标而采用的变异空间的质性差异，因此香港和上海的教师教同一个主题就显得至关重要. 通过观看来自 TRVS 的 100 节香港的课,我们发现有一些主题有超过 5 位教师选择. 例如,9 节课是关于“勾股定理”的,6 节课是关于“速率与速度”的,7 节课是关于“全等”的,6 节课是关于“用图象法解线性方程组”的. 但是再仔细看这些课时会发现,关于“勾股定理”的 9 节课中,有 8 节课是第一课时的内容,而其他的课虽然主题相同,但是关注的是同一主题的不同部分. 因此,选择勾股定理作为共同内容,这也是基于以下的考虑:(1)8 位香港八年级的教师教了这一主题的同一部分;(2)上海也是在八年级教这一内容. 另外还有更重要的一点,勾股定理本身具有如下一些特性:

1. 具有丰富的数学关系和应用

勾股定理(也叫毕达哥拉斯定理)以希腊哲学家毕达哥拉斯的名字命名. 毕达哥拉斯于公元前 500 年去世,他是哲学宗教流派的精神领袖. 历史学家认为,古巴比伦人和古埃及人已经发现了定理表达的数学关系. 因此毕达哥拉斯不是第一个发现勾股定理,但可能是第一个给出定理证明的数学家.

由于数学关系非常美妙,比如几何与代数之间的和谐关系,以及勾股定理在初等数学中的应用,勾股定理及其应用形成了几何的基础. 数学家们毫不犹豫地将勾股定理奉为所有定理中的前十大之一. 毫无疑问,勾股定理在学校数学中具有突出地位. 无论在学生时代是自愿还是不情愿地学习勾股定理,很多人一生都会记得这一定理,并把它当成数学定理的化身(Cooney, et al. ,1996).

2. 具有丰富的证明方法

很多不同的证明方法清楚地显示了勾股定理在概念关系方面的丰富性. 卢米斯(Loomis,1968)在他的著作《勾股定理》中甚至给出了 370 种证法. 有趣的是,勾股定理植根于多种文化,包括中国文化. 值得注意的是,代数方法和几何方法都可以证明这一定理(Siu,1993,1998).

第三节　参加者的选择

定性取样“趋向于有目的的,而不是随机的”(Miles & Huberman,1994). 这一方面是由于总体的初始定义是很局限的,另一方面,是因为社会过程具有逻辑性和连贯性，随机取样可能会出现无法解释的小问题. 本研究首先选择香港和上海作为研究对象(可以参看第一章)，然后在两个城市有目标地选择几节课，下面具体说明.

一、香港的录像课

共同主题确定之后，我们收集了来自 TRVS 的香港录像课中教授这一主题的录像. 因此本研究关于香港的数据包括 8 节录像课，其中记录是英文的，另外也从 TRVS 获得了教师问卷、教学计划和课本等相关文件. 关于这 8 节课的相关信息(包括学校背景和教师背景)见表 4-1.

表 4-1　香港录像课的背景

录像编码	学校背景	课堂		教师资质	教龄(年)
		规模(学生数)	时间(分钟)		
HK1	年级：中一至中七 类型：教会学校 入学方式：分配，入学考试 教学语言：中文 水平：低[①]	36	40×2	学士，参加过教师培训；主修数学	23
HK2	年级：中一至中七 类型：职业学校 入学：没有选择 教学语言：中文 水平：低	20	40	大学里 3 年或 4 年的教师培训；主修数学	5
HK3	年级：中一至中七 类型：职业学校 入学：分配 教学语言：中文 水平：低	34	35	大学里 1 年或 2 年的教师培训；主修数学	6

① 根据学生的学业能力测试(Academic Aptitude Test，AAT)，中学学位分配方法(The Secondary School Places Allocation Scheme，SSPA)将所有六年级的学生分成五个组(高水平的属于第一组，低水平的属于第五组等). 然后学生会被分配到相应的学校，学校的等级由历史状况和社会评价决定. 上海的初中理论上没有等级之分，但实际上有三个不同的水平，即高、中、低. 为了与上海的学校教育进行对比，将来自香港大学的三位老师和中学的五位老师所教的香港的学校分成了三个水平.

续表

录像编码	学校背景	课堂		教师资质	教龄（年）
		规模（学生数）	时间（分钟）		
HK4	年级：中一至中七 类型：政府学校 入学：居住地就近，入学考试 教学语言：英语 水平：高	41	35	大学里3年或4年的教师培训；主修数学	5
HK5	年级：中一至中五 类型：教会学校 入学方式：居住地就近，入学考试 水平：中	23	40	学士，没有接受过教师培训；主修数学	2
HK6	年级：中一至中五 类型：职业学校 入学方式：分配和入学考试 水平：低	39	40	学士，没有接受过教师培训；主修数学/数学教育	1
HK7	年级：中一至中七 类型：教会学校 入学：入学考试或分配 教学语言：英语 水平：高	40	40	大学里1年或2年的教师培训；主修数学	7
HK8	年级：中一至中七 类型：捐赠学校 入学：分配或入学考试 水平：低	42	40×2	学士，接受过教师培训；主修数学/统计	6
	高：中：低＝2：1：5	均值＝36	均值＝39	本科率＝62.5%①	均值＝7

① 根据香港学校教育系统1999年的减缩版报告中的教育指标，一个班级的平均人数是37.8，一节课的平均时间是40分钟，教师本科率是84.3%。

二、上海课堂的选择

为了进行比较，在上海选择教师的标准应该与表 4-1 中香港教师的背景相匹配. 例如，从 10 所不同的学校选择 10 名左右的教师可以使得上海录像课的数量与香港具有可比性. 另外，样本学校中的大部分学生应该是能力偏低的，而且大部分的参与教师在教学经验方面应该不是非常丰富的. 2000 年 11 月，研究者首次到上海选择了样本学校和教师，选择时考虑到学校背景和教师背景要与香港样本相匹配. 在当地数学教育研究者的帮助下，研究者联系了上海市区 10 所不同学校教八年级的 10 位老师. 他们都同意参与这项研究. 同时，研究者也拜访了这 10 所学校的校长，希望得到他们的支持. 期间，研究者给参与教师一份简短的说明，解释了本研究的目的以及录像课的要求. 所有被选学校都非常支持这项研究，所有的教师也都非常愿意参与研究.

第四节　数据收集

一、香港数据

如前所述，香港的数据包括这些文件：(1)8 节录像课的 CD；(2)了解教师背景、教学实践、态度和专业发展的问卷；(3)学生课堂工作的样本，有课本、工作单以及课堂上用到的其他材料的样本，教师可能用来评价学生对所学概念的理解情况的测试样本.

二、上海数据

1. 确定进度表

2001 年 3 月，所有参与教师给了研究者确认和本学期初步的教学进度表. 根据老师们的进度，会在 2001 年的 4 月中旬教勾股定理，因此研究者在 2001 年 4 月上旬到达上海. 跟预期的一样，很多样本学校的教学进度有冲突，有两位或者更多的老师在同一天的同一时段上这节课，而这些课都要进行录像. 造成这一状况的原因可能是大家都采用相同的教材以及区教育委员会提供的相关文件(关于上海的教材政策可以参看第二章第一节). 一到上海，最紧急的事情就是需要重新安排进度，以避免冲突. 通过与校长和老师进行协商，问题得到圆满解决，通过先教代数、将上午的课换到下午等方法，进度得到了调整. 改变教学进度是很常见的，因为经常会有各种各样的公开课，比如教研活动、教坛新秀等. 因此，教师和学生都习惯于改变教学进度，有时候甚至是换教室[①]. 这一点在教师问卷中得到了证实，超过 70%的参与者认为他们在录像课的表现与平时一样.

应两所学校校长的要求，我们对他们的两节课进行了录像，这可能是因为校长想要强调学校对课堂教学研究的重视. 而且，研究者承诺会将录像副本以及收集到的其他相关材料留给学校，供他们自己研究之用. 如果这些学校想要研究这些数据，研究者也愿意提供帮助. 上海的学校在提升级别方面有一个有趣的现象，即如果一个学校想要提升位置，不但学生要在公开考试和各种竞赛中获得好的成绩，而且学校要有一些研究成果，比如教师出版的著作或发表的文章、实验报告，等等. 因此，对这些想要提升级别的学校来说，校长就会很重视作研究. 本研究可以提供一个以最少的花费开展研究的机会.

2. 设备和工具

根据 TRVS 设定的录像程序，需要两台摄像机进行录像. 一台放在教室后面录教师的活动，称为教师机. 另一台放在教室前面，面对全班，捕捉全班学生的活动，称为学生机. 研究者在上海招募了一位助手控制学生机，并在课后立即处理教师问卷. 考虑到地域化和本研究的目的，上海的教师问卷在来自 TRVS 的香港教师问卷的基础上进行了改编. 研究者负责教师机，并在需要时复印教学计划、课本相关内容和工作单.

从 10 所不同的学校录制了总计 13 节课，初步判断时剔除了两节课. 一节课不是勾股定理的第一课时内容. 另外，从同一学校录制的两节课在材料使用和教学策略方面都非常相似. 我们对这两位老师进行了访谈. 他们共同设计了这节课，其中经验比较丰富的那位老师提供了比较多的想法和计划，而比较年轻的老师负责写教学计划和准备多媒体辅助软件. 根据本研究的设计，录像课应该尽可能是较大范围的“典型

① 实际上，每个班级都有固定的教室，但有时候如果教师上公开课，就会选择实验室或多媒体教室等地方上课.

课”，因此我们舍弃了经验丰富的那位老师的课. 最后，本研究从上海收集了来自 9 所学校的 11 节课，以及教师问卷、教学计划、课本相关内容和工作单等相关文件. 根据教师问卷，录像课的详细信息见表 4-2.

表 4-2　上海录像课的背景

录像编码	学校背景	课堂		教师资质	教龄（年）
		规模（学生数）	时间（分钟）		
SH01	类型:公办学校 入学方式:就近入学 水平:低	42	45	数学专业毕业证书	23
SH02	类型:公办学校 入学方式:就近入学 水平:低	40	45	环境科学学士	6
SH03	类型:公办学校 入学方式:就近入学，入学考试 水平:低	50	40	生物学毕业证书;参加数学专业学士课程学习	9
SH04	类型:公办学校 入学:就近入学 水平:低	42	45	数学专业毕业证书;参加数学专业学士课程学习	5
SH05	类型:公办学校 入学方式:就近入学 水平:中	56	45	数学专业毕业证书	12
SH06	类型:公办学校 入学方式:就近入学 水平:高	41	45	数学专业毕业证书	5
SH07	类型:公办学校 入学:就近入学 水平:中	51	45	数学学士	18

续表

录像编码	学校背景	课堂		教师资质	教龄（年）
		规模（学生数）	时间（分钟）		
SH08	类型：私立学校 入学方式：选拔考试 水平：高	43	35	数学教育学士、硕士	8
SH09	类型：公办学校 入学方式：就近入学 水平：中	60	40	数学专业毕业证书	7
SH10	类型：公办学校 入学方式：就近入学 水平：中	53	45	数学学士	14
SH11	类型：公办学校 入学方式：就近入学 水平：低	44	40	数学专业毕业证书	2
	高：中：低＝2：4：5	均值＝47.5	均值＝43	本科率＝36%①	均值＝10

第五节　数据分析

1. 转录

香港录像课的 CD 以及相关的带有英文脚本的多媒体数据由美国洛杉矶的课堂实验室提供. 上海方面，所有课的录像都数字化成 CD，相应的任课教师将 CD 逐字转录成中文，然后一位英语老师将中文翻译成英文. 但是，数据分析主要依据中文脚本以及原始的 CD. 在数据分析过程中，尽管中文的脚本是主要数据，但为了确保其中的描

① 根据上海市教育委员会的《上海 2002 年教育年报》(上海教育出版社)，上海班级的平均规模是 46.6 名学生，一节课的平均时间是 45 分钟，本科率是 36%左右.

述尽可能贴合真实情况，我们有时要回看 CD.

2. 编码和概念化

编码被看成是“帮助组织、检索和解释数据的一组方法”（Coffey & Atkinson，1996）. 它能让研究人员“区分、组织他们检索到的数据，并根据这个信息作出反应”（Miles & Huberman，1994）. 它还能让研究人员“识别有意义的数据，并为解释和得出结论打好基础”（Coffey & Atkinson，1996）.

通常有两种编码方式：归纳编码和演绎编码. 编码要么是通过“扎根”方法归纳产生的，要么是先前研究的结果. 第三种可选择的编码方法介于演绎和归纳方法中间，就是建立一个总体性的编码说明方案，这里的编码不是内容细节，而是指向总体范围，在这个范围内可以归纳生成编码（Miles & Huberman，1994）. 但是，对预定义的、说明方案指导的，或者后定义的任何方式的编码有时都需要修改. 随着分类的发展，研究者开始用分层系统进行分类，并在这些类别之间建立关系，然后画图说明类别之间的关系（Johnson & Christensen，2000）.

本研究主要采用第三种方法，因为研究者只有一个总体方案，但不知道具体的内容. 编码将关注以下这些方面：

- 课堂的焦点和程序，即课堂结构；
- 课堂教学每个阶段的变式方法和维度；
- 实施课堂活动过程中的学生参与.

由于前两个方面的编码更具归纳性，因此在后面的相关章节（第五章和第六章）中再进行解释.

本研究将从变异的角度研究前两个方面，希望能够确定每个城市课堂教学中的变异空间. 但是，我们相信学生在学习方面的参与存在差异，而这里的学习与变异理论相联系. 本研究尝试研究在设置了变异空间的课堂中学生参与的程度，因为我们希望无论是在香港还是上海的课堂中，变异空间都有助于理解数学的本质特征. 本研究中学生参与的特点在于两个概念：课堂互动类型和教学策略. 近年来，一些研究者已经关注到数学课堂中的语言互动，但是各有不同的关注点，比如课堂的社会文化（Heibert，et al.，1997）、课堂学习中脚手架的功能（Holton，et al.，2001）、论点的产生（Krummheuer，1998）、互动类型

(Cestari，1998；Voigt，1985，1995；Wertsch & Toma，1995；Wood，1994，1998)等等. 就本研究而言，最关注的是变异空间是如何通过课堂互动形成的. 为了这一目标，研究互动的类型应该是比较恰当的. 在搜索关于互动类型的描述时，我们发现了不同的两分法. 例如，传统方法和建构方法(Cestari，1998)，漏斗和聚焦(Voigt，1985，1995；Wood，1994，1998)，单一意义的和问答体的(Wertsch & Toma，1995). 根据色斯塔瑞(Cestari，1998)的观点，在传统方法中，教师倾向于频繁使用陈述，要求学生通过模仿和重复操练进行记忆，强调最终结果以及学生回答的正确性；建构方法中，教师使用建构的方法，倾向于使用学生的问题并对教学进程进行反馈，鼓励学生通过自己的努力寻找答案，强调获得解决方案的过程，并将学生的错误当成学习的适当条件. 在沃茨奇和托玛(Wertsch & Toma，1995)的二分法中，单一意义功能关注充分传达意义如何成为可能，而问答体的功能关注新意义的生成如何成为可能. 在伍德(Wood，1998)的分类中，漏斗型的互动模式中，学生思维集中于努力想出老师想要的答案，而不是自己进行数学性的思考；在聚焦型互动模式中，学生在更加平等地参与对话的过程中学习，此时教师和学生之间高层次的互动为学生反思他们自己的思考创造了机会.

根据上述对不同的互动类型二分法的描述，可以发现这些二分法本质上描述了相似的情况：一个指向知识传递，而另一个指向知识建构. 因此，研究者采用比较生动的比喻：漏斗型和聚焦型(Wood，1995，1998). 根据相关文献(Bauersfeld，1988；Vogit，1985，1995；Wood，1994，1998)，这两种互动类型的特征总结如表 4-3 所示.

表 4-3　互动类型的描述

	漏斗型	聚焦型
问题呈现	示范并操练老师设定的某种程序和技能	让学生有机会通过自己的努力去处理问题，并尽可能找出解决问题的不同方法

续表

	漏斗型	聚焦型
提问	通过一些对答案有诱导性的提问，逐步启发出明确的答案	把学生的注意力吸引到问题的某些方面，通过提一些开放性的问题启发学生给出答案和解释
探究和解释	教师通常给一些提示、解释甚至直接给出答案，很少要求学生对他们的答案进行解释	教师经常要求学生阐明他们的理解，并解释他们的观点

但是关于以教师为中心和以学生为中心的二分法，由于没有统一的操作性定义可利用，需要详细解释这些术语.

根据特里格韦尔和普罗瑟(Trigwell & Prosser，1996)的观点，教学方法可以分为两个主要类别，即信息传输/以教师为焦点的方法和概念转变/以学生为焦点的方法，具体如下：

信息传输/以教师为焦点的方法中，教师采用一种以教师为焦点的策略，目的是直接向学生传输学科知识. 这种方法着眼于独立地寻找知识的事实根据和它们的应用技能，而不是它们的内部关系.

概念转变/以学生为焦点的方法中，教师的目的是帮助学生在学习中重建已有的世界观或关于现象的概念. 由于重建已有知识是以学生为焦点方法关注的重点，因此教师需要注意学生在学习过程中的行为.

类似地，霍华德和特蕾西(Howard & Tracey，1999)定义了关于数学教学与学习信念的两种分类：

(1)传输. 传统观念认为数学是一门静态学科，数学的教与学表现为数学技能和知识从教师到学生的传输，“数学被看成是由精确性、速度和记忆标准约束的一套严格的外部指示规则系统”(National Research Council，1989).

(2)以学生为中心. “学生面对建立在已有知识基础上的学习经验并对已有知识进行挑战，从而重建他们自己的意义”(Anderson，1996)，通过这样的过程，学生主动参与到数学中.

此外，马思和艾弗南(Muth & Alvernann,1999)提出了一个连续模型，通过教师辅助策略(训练和实践，发现学习，头脑风暴，讨论)和同伴辅助策略(角色扮演，同伴指导，互惠教学，合作学习)，将教学策略刻画为以教师为中心的策略(报告，直接指令，演示，背诵)和以学生为中心的策略(预演策略，详尽细节策略，组织策略).

基于前面的讨论，以教师为中心和以学生为中心的意思似乎已经清楚了. 以教师为中心的教学方法是知识传输为导向的，而以学生为中心的方法趋向于知识建构为导向. 为了区分这两个概念，有必要对相关的具体教学内容给出一个操作性的描述，如表 4-4 所示.

表 4-4　以教师为中心和以学生为中心二分法的描述

	以教师为中心	以学生为中心
教师	呈现者 例如:呈现图表;陈述结果或结论;示范;说明	推动者 例如:推动学生呈现图表、结果、解释、说明
学生	在学习过程中有某些参与的被动接受者	学生主动参与学习过程 例如:学生呈现图表，发现勾股定理，描述技术和结果;合作学习，小组活动
教学	通过提问几个简单且封闭的问题，传输组织好的内容 例如:问学生一些简单问题，比如事实、公式	通过提问一系列鼓舞性、开放性的问题，帮助学生学习的过程 例如:要求学生说明他们的理解和思考过程
知识	教师传递给学生，学生有一定的参与	在教师的帮助下由学生建构

另外，弄清课堂互动类型以及以教师为中心和以学生为中心二分法之间的关系是很有帮助的. 根据以上说明，这两个概念反映了课堂对话的不同方面. 互动类型聚焦某一课堂事件中的互动过程，而以教师为中心和以学生为中心二分法关注某一课堂环节中教师的意图和采用的教学策略. 因此，这两个概念是交织在一起的. 举个例子，如果

课堂互动是聚焦型的,教学方法应该是以学生为中心的. 但是,如果课堂互动是漏斗型的,那么教学方法可以是以教师为中心的,也可以是以学生为中心的,这取决于学生参与的程度(第五章和第六章中有具体的例子).

3. 每个城市内部的比较

首先,根据对课堂流程的分析,可以确定两个城市的课程的焦点和结构.

其次,为了确定每个城市的课程在每个阶段的变异模式,研究将根据获得焦点的方法和变异维度,分析课堂结构中每个阶段的实施方式.

此外,还要确定每个城市学生参与的模式.

4. 城市之间的比较

数据分析的第二个阶段是比较香港和上海教师处理同一主题的方法. 根据第一阶段的分析,将比较课程的结构、课堂每个阶段的变异模式以及课堂互动的特征,从而确定香港和上海处理勾股定理这一主题时不同的课堂教学类型(参看第七章).

5. 理论化和归纳

最后从变异理论的角度评价结果,并从文化价值以及包括教师培训和教材使用的学校教育文化的角度解释结果. 此外,根据本研究的结果,将重新审视数学课堂中的中国学习者悖论,并突出对中国数学课堂教学的反思(参看第八章).

第六节　研究的正确有效性

正确有效性是指"描述、结论、说明、解释或其他叙述的正确性或可信度"(Maxwell,1996). 为了得到正确有效的结论,需要考虑可能影响研究的正确性和可信度的一些因素.

1. 将研究者的影响最小化

一方面,研究者已有的知识和教学经验可以丰富和改善分析和结论. 另一方面,研究者自己的观点可能影响结果和结论的客观性. 如果研究者能够始终提醒自己,数据只是用来寻找结论,而不是适应预测,那么就可以在优势和缺陷之间取得平衡.

2. 数据来源三角化

本研究的设计中，除了课堂录像，还收集了教师问卷、教学计划、教材相关内容、课堂工作纸等作为补充数据. 因此，不同种类的数据可以对理解课堂实践以及解释结果作三角形互证.

3. 参与者的理解

这里采用了其他方法来获得解释的正确有效性：与实际参与者（比如教师和学生）和同事或相关专家对研究者的解释和结果进行反馈讨论. 对于上海的数据，研究者接触了参与者，并与他们讨论对于他们的课程的理解. 由于研究者曾经在中国内地做了许多年的中学教师，因此大多数参与的老师都同意其对上海录像课的理解和解释. 对于香港的数据，由于很难接触那些在当年提供录像课的教师，研究者采取了一个类似参与者反馈的方法，也就是在香港征求在职教师的反馈. 2001 年 11 月，研究者将关于香港数据的初步结果交给在香港大学攻读数学教育专业硕士学位的研究生. 这些教师基本上接受关于香港课堂的初步结果. 但是，有一位教师认为，通过游戏发现勾股定理也是一种证明，而研究者认为这是验证. 这一争论使得研究者再次思考证明的定义. 通过研究文献，证明的原始定义得到了延伸，本研究采用了一个更加宽泛的证明概念（详见第五章）.

4. 读者的评价

本研究分析了大量的课堂对话，从而支持观点或者对课堂互动模式给出示范. 但是，对话分析的正确有效性总是受到挑战. 在某种程度上，呈现丰富的扩充材料是使对话分析更加有效的重要方法，也是一种与众不同的方法，这能够使对话研究的读者评价它们的适当性（Miles & Huberman，1994）. 因此，本研究中的结果将尽可能地通过课堂实录进行说明.

第七节　小结

本章解释了研究使用的方法，交待了收集、简化、分析研究数据（即 8 节香港的录像课以及补充材料，11 节上海的录像课以及补充材料）的方式. 接下来的两章将依次呈现香港和上海的结果.

第五章

香港处理勾股定理教学的方法

第五章和第六章将分别讨论香港和上海处理勾股定理这一主题的方式,因此这两章紧密相关. 第五章关注香港的结果,分为四个部分. 首先说明这些课的焦点和变式维度,其次详细分析变式维度,然后讨论学生参与的问题,最后总结处理方式的特点.

第一节　课堂结构和变式维度

在讨论课的焦点和结构之前,先详细描述一节典型的香港课,这样可以提供香港课堂的初步印象.

一、香港课堂的印象

执教编号为 HK7 课的大卫(David)[①] 先生,不是大学毕业生,但接受了教师培训,已经教了七年的数学和科学. 他工作的学校是高水平的英语学校,包括中一到中七.

---

① 文中所用到的姓名均为化名.

全班有 40 名学生，这节课照常持续了 40 分钟. 整节课可以分为几个阶段：复习直角三角形斜边的特征，探究勾股定理，证明定理，应用定理以及布置作业.

1. 复习直角三角形斜边的特征

本节课一开始复习一些关于直角三角形特征的知识. 教师让学生寻找并描述不同的直角三角形中最长的边的位置. 学生知道确认直角三角形最长边的方法，能够说出最长的边就是直角所对的边. 最后，教师再次强调，直角三角形的最长边称为斜边.

2. 探究勾股定理

为了探究勾股定理，教师组织了一个活动. 教师首先在黑板上给出了一个图（如图 5-1 所示），并将工作单发给学生. 然后学生按照如下指令两人合作完成工作单.

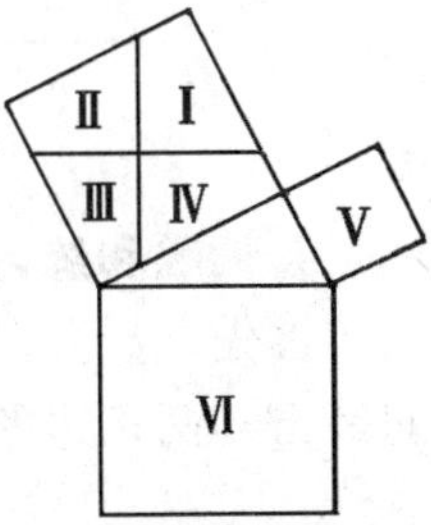

图 5-1

（1）剪下较小的两个正方形，并将其中较大的那个沿图上的线剪开.

（2）将剪下的部分适当组合，拼放到最大的正方形中，并用胶水粘贴上去.

接着教师引导学生找出每个正方形的面积. 将直角三角形的两条直角边记为 a、b，将斜边记为 c，这三个正方形的面积分别为是 a^2、b^2 和 c^2. 通过教师与学生的合作，发现了三个正方形的面积之间的关系，并得到了公式：$a^2+b^2=c^2$. 之后，老师在黑板上画了另一个直角三角形进一步证实公式，将三条边记为 d、e 和 f，最后让学生写下有关的公式，即 $d^2+e^2=f^2$.

3. 证明定理

老师通过图（图 5-2）的帮助，给出了定理的证明. 通过使用两种不同的方法找出正方形 $ABCD$ 的面积，证明了勾股定理，过程如下：

求正方形 $ABCD$ 面积的第一种方法是直接计算面积，即正方形 $ABCD$ 的面积 $=(a+b)^2$，然后展开表达式：

$$(a+b)^2=(a+b)(a+b)=a^2+ab+b^2+ba=a^2+2ab+b^2 \quad \cdots ①$$

第二种计算正方形面积的方法是计算四个三角形的面积之和，再加上小正方形的面积：

$$\left(\frac{ab}{2}\right)\times 4+c^2=2ab+c^2 \quad \cdots\cdots ②$$

由于①式和②式都表示正方形 $ABCD$ 的面积,因此它们是相等的. 由此可以得到 $a^2+b^2=c^2$.

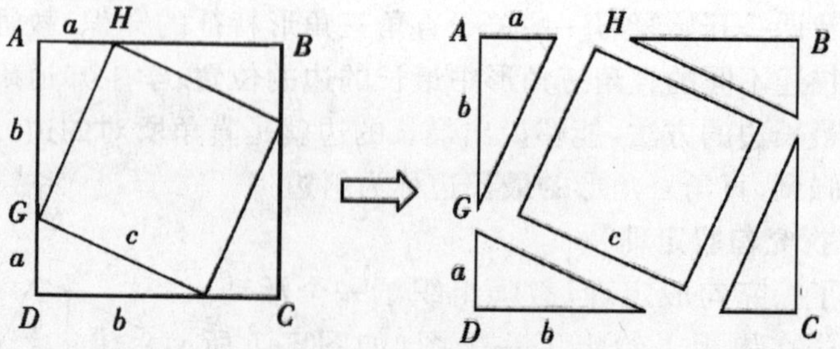

图 5-2　图形的分割

4. 例题和练习

首先,老师演示了在如图 5-3 所示的不同方向的直角三角形中,如果已知两条边的长度,如何求第三条边的长度.

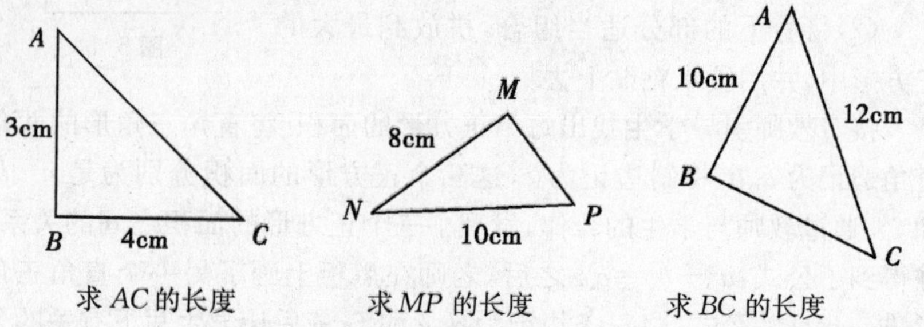

图 5-3

然后学生完成课本中的练习,这些练习与老师之前演示的例题很相似. 老师与学生一起检查答案.

接下来,老师给出了一个比较难的问题(如图 5-4 所示),并点名叫一名学生将解答过程写在黑板上. 然后老师评论了计算步骤并完善了最终答案.

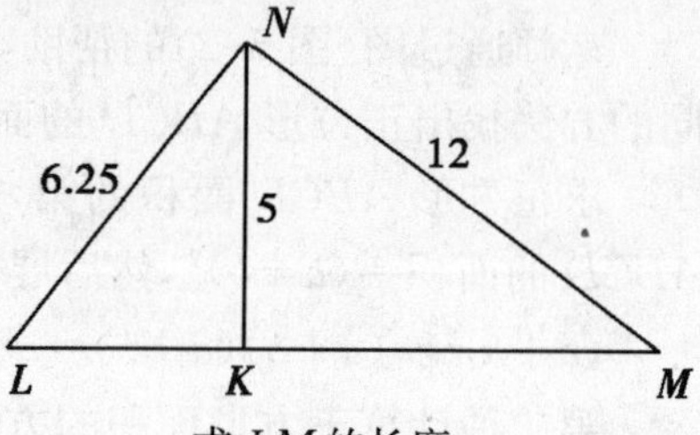

图 5-4

5. 作业

最后几分钟，老师布置了家庭作业，并告诉学生第二天要批改作业.

二、香港课堂的焦点和结构

看了很多遍香港的录像课之后，我们发现，对于勾股定理的教学，教师关注的焦点以及课堂结构都很相似. 课堂关注如下几个方面：第一方面是引入. 引入是指介绍定理内容. 第二方面是证明. 证明是指说明为什么说定理是正确的. 证明的正确有效性不取决于或多或少的公理演绎体系内的公式表达，也不取决于书面形式，而是由概念关系的逻辑相关性决定的. 这种逻辑相关性不仅使人确信定理是正确的，还解释了为什么是正确的(Cooney, et al., 1996; Hanna, 1990, 1998, 2001; Knuth, 2002). 本研究将“证明”(proof)分成两类：一类是数学证明(mathematical proof)，用几何性质和原理，或者代数表达式的运算，进行演绎的、逻辑的证明；另一类是“验证”(verification)，通过使用一些证据，比如解决难题或举一些例子，从而证实定理. 第三个方面是练习，涉及如何使用定理，包括例题和学生练习. 香港的课堂采用相似的结构来处理这些教学中的焦点，如图 5-5 所示.

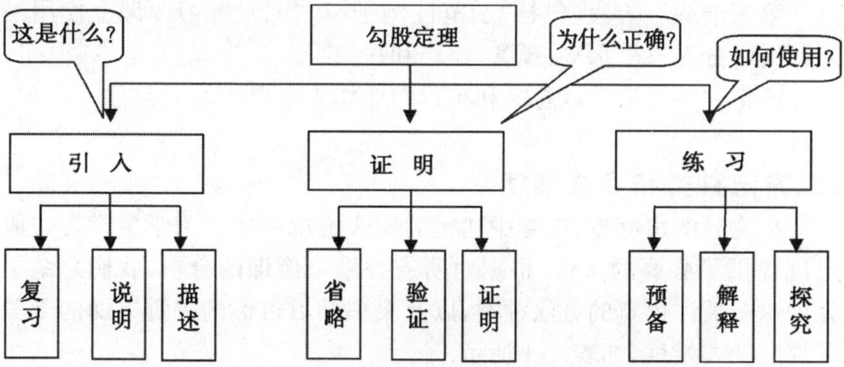

图 5-5 香港课堂的焦点和结构

第一个引入阶段，课堂以复习相关知识开始，然后通过直接讲解或探究活动介绍定理. 之后教师从多个方面描述定理. 只有一节课是教师直接陈述定理，其他课上都是通过各种活动探究勾股定理. 另一个典型现象是，一旦清楚说明了定理，教师就会立即介绍关于定理的一些历史，比如为什么以毕达哥拉斯命名，为什么中文中称为勾股定理，等等. 接着教师会介绍定理的数学表达式及文字表达，还有数学表达式的变式.

第二个证明阶段，其中的四节课上，教师省略或者未给出定理证明，其他四节课通过验证或数学证明来证明定理. 为了更好地理解后面部分的描述，这里有必要进一步澄清几个特别术语：

· 引入(Introduction)和证明(Justification). 从形式上来看，勾股定理明确出现之前实施的活动都属于"引入"阶段，因为"证明"是指在定理清楚表示出以后试图证明定理的所有活动. 而本质上，在一些发现学习中，发现勾股定理的过程一般都包括了定理的验证. 因此，为了便于组织结果，将根据引入和证明分别组织. 但是，在讨论"证明"时，通过探究和验证活动出现的内容将作为课上的证明部分.

· 探究(Exploring)、证明(Proving)和验证(Verifying). 本研究根据活动的目的将活动分为探究、证明和验证. 例如，如果活动是用来发现定理(HK1，HK3，HK6，HK7)，那么就把这个活动看成是"探究"活动，而 HK8 中一个非常相似的活动是"验证"，因为这是用来验证定理的.

第三个练习阶段，包括"示范性例子"和"课堂练习". 课上使用的问题可以分为三个水平：预备、解释和探究.

通常一节课最后以总结和布置作业作为结束.

三、方法种类和变式维度

从变异的角度看，课堂中建构的变式维度和模式为学生学习勾股定理提供了必要的条件. 根据对所有香港录像课的分析，我们总结了处理这些关注焦点的方法种类，以及聚焦学习目标的关键方面的至关重要的变式维度，如表 5-1 所示.

表 5-1　香港课上的变式维度

焦点	方法种类	变式维度
引入	复习	直角三角形的方向： ·标准的/非标准的 直角三角形的标记： ·边：$(a,b,c)/(m,n,p)/(e,f,g)$ ·顶点：$(A,B,C)/(M,N,P)/(E,F,G)$
	直接表示的边的关系或通过面积关系表示的边的关系	·三元组(a^2,b^2,c^2)：(16,9,25)/(25,4,29)/(16,16,32) ·拼图：操作的/几何的/代数的 ·分割面积：几何的/代数的
	表达式	·表达式：几何的/代数的/文字的 ·公式的不同变式：不同形式
	文化	文化遗产：西方传统/中国传统
证明	无证明	
	验证	·用特殊的例子验算公式：不同的图 ·拼图：操作的/几何的/代数的
	证明	·不同的证明：单一的/多样的 ·图的处理：直观的/逻辑的
练习	预备	数的幂运算： ·不同的数
	解释 探究	·直角三角形的不同方位 ·直角三角形的不同边长 ·直角三角形/复杂图形 ·数学背景/生活背景

变式维度的意义将在后面部分进行解释说明.

第二节　变式维度的类型

这一部分将分析课堂的每个阶段出现的变式维度，然后描述变式维度的类型.

一、引入

（一）变式维度的识别

开始，教师为了帮助学生回忆直角三角形斜边的性质，提出了几个变式维度，例如不同方向的直角三角形、直角三角形的顶点和边的不同记号. 由于这些变式维度主要是为学习勾股定理作准备的，因此不再作详细讨论.

在这个阶段，只有一位老师（HK5）在课的一开始就直接给出了定理，而没有引入任何变式，其他的老师都是采用不同的策略来探究定理. 因此，这里将详细讨论聚焦定理探究的变式维度.

根据变异理论，辨明学习目标的关键特征对学生的学习是至关紧要的. 需要分辨的成分有两个：（Ⅰ）面积关系，（Ⅱ）边的关系. 而发现定理的两种方法是：直接指向Ⅱ的方法 D1（E3，E4），以及通过Ⅰ指向Ⅱ的方法 D2（E1，E2）（见图 5-6）. 方法 D1 中有两个变式维度，一个是通过计算不同图中正方形的面积辨明不变性，即定理（E3），另一个是通过研究一个三元数组推测边的关系（E4）. 但是，根据变异理论，让学生仅仅通过研究一个三元数组就发现不变性是不可能的. 方法 D2 中有两个变式维度，这是为了发现面积关系. 一个是通过游戏发现不变的面积关系（E1），另一个是通过演示拼板验证面积关系（E2）. 然后通过面积关系归纳边的关系. 图 5-6 表示了这些关系（图中括号内的数字表示创建相关变式维度的教师人数）.

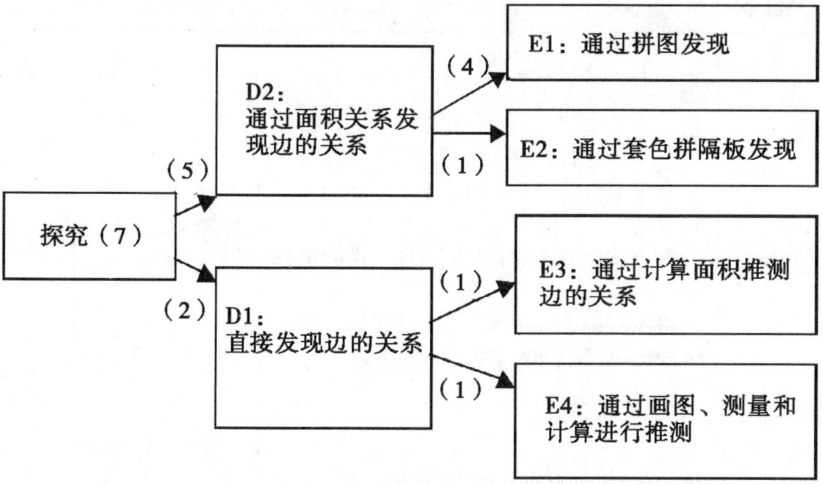

图 5-6 定理探究中的变式维度

下面将讨论这些变式维度是如何建立的.

（二）通过面积关系得到边的关系(D2)

为了让学生发现勾股定理，通过这一方法形成了两种变式维度.

1. 通过拼图探究定理(E1)

有四节课使用了如表 5-2 所示的非常相似的游戏来探究定理.

(1)活动指令(Instruction of the activities)

表 5-2 活动及其指令

课	指令	图
HK1	给一个装着 5 张卡片的袋子，一个如图(1)这样的图，要求学生： ·在最短的时间内将 5 张卡片拼成与 C 一样的正方形 ·重新整理这 5 张卡片，拼成与 A 和 B 一样的正方形	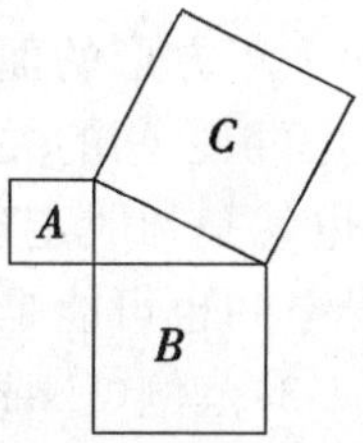 图(1)

续表

课	指令	图
HK3& HK6	给一个装着 7 张卡片的袋子，一个如图(2)这样的图，要求学生： ·拿出绿色的卡片，拼成与 A 一样的正方形(4 张) ·拿出黄色的卡片，拼成与 B 一样的正方形(3 张) ·将所有的卡片拼成与 C 一样的正方形 ·找出 A、B、C 的面积之间的关系	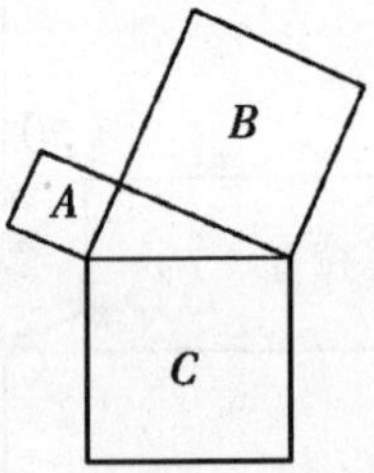 图(2)
HK7	给一张纸，纸上有如图(3)这样的图，一把剪刀以及胶水，要求学生： ·剪下较小的两个正方形，并将其中较大的一个按照已有的线剪开 ·将这些纸片拼放到最大的正方形上，并用胶水贴好	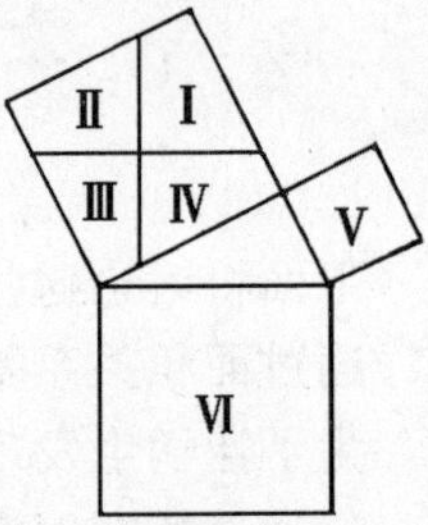 图(3)

(2)辨析(Discernment)

我们发现这四个活动本质上是相同的. 它们都是将几张卡片拼成两个较小的正方形，然后再拼成最大的正方形，或者相反. 通过不同的拼图方法分辨其中不变的面积关系：斜边上的正方形面积等于直角边上两个正方形的面积之和. 而且，通过联系正方形面积公式，三个正方形的面积之间的关系就转变成了直角三角形三条边的长度之间的关系，也就是勾股定理. 即使不同的课上采用了相似的活动，每节课中的变异空间也可能是不一样的. 以下将分析变式维度中实例的种类.

(3)范例(Exemplification)

案例 A

在 HK1 这节课上，学生小组合作完成了任务后(具体物理的表征)，开始讨论图的特征[见表 5-2 图(1)]. 也就是说，在直角三角形的三条边上构造的三个正方形形成了学生发现特殊的面积关系(几何表征）的脚手架. 下面引用的课堂实录表明了他们的发现过程[①].

HKA1

1. T：你们会发现有一个结论.

2. T：这些正方形的面积之间有什么关系？

3. Ss：C 等于 A 加 B.

4. T：不会是 A 等于 B 等于 C. 这不可能.

5. Ss：C 等于 A 加 B.

6. T：C 的面积等于什么？

7. Ss：A 加 B.

8. T：A 加 B. 斜边，这个直角三角形中 90° 角所对的边是斜边.

9. T：斜边上很大的正方形. 这个面积等于这两个小正方形面积的和.

在教师的引导(2,6)[②]下，学生能够发现直角三角形三边上的正方形面积之间的关系. 而且，教师强调只能是"C 等于 A 加 B"，这里的 C 是"斜边上很大的正方形"(8,9). 更有意思的是，在这之后，教师让学生再做一遍活动，以再次确认结果. 然后师生的互动转向探究直角三角形的三边长度之间的关系.

HKA2

10. T：我们说直角三角形有边长 b，可能是？对，b. 这条边是 a，最长的是 c. 这三个正方形的面积，我刚才说过的，这两个小正方形的面积等于大正方形的面积. 根据这个关系，你能告诉我 a、b 和 c 之间的关系吗？考虑一下. 发言之前先举手. 试试看.

11. Ss：嗯，是……

12. T：a，b，可能是 a 加 b 等于 c，对吗？

13. S：a 的平方加 b 的平方等于 c 的平方.

14. T：这位同学是这样想的. 你能解释一下吗？为什么不是 a 加 b 或者 b 加 a？

15. S：因为 a 乘 a，不过……

---

① 本研究所有的课堂实录中，S 代表一个学生，可以确定姓名；Ss 代表不止一个学生同时说话，不能确定姓名；T 代表教师；B 代表写在黑板上的材料.

② 括号内的数字表示课堂实录中的步骤序号. 下同.

16. T：它表示……

17. S：它表示那个正方形的面积.

18. T：对. 他说绿色的正方形(的面积)是 a 乘 a.

19. T：然后呢？红色的正方形？

20. S：红色那个？b 乘 b.

21. T：对. 蓝色的是 c 乘 c.

22. T：我们已经知道了两件事情. 这两个面积之和等于这个. 因此，a 的平方加 b 的平方等于 c 的平方. 这就是这节课我要教你们的. 这个关系来自一位希腊数学家，有人知道吗？你们之前听说过吗？

(HK1，实录，p. 5)

在用 a、b 和 c 指定了三条边之后，教师通过开放性的问题(10)激励学生寻找边的关系(代数表征)，同时启发学生解释他们的答案(16). 当学生遇到困难时，教师通过问一些引导性的问题给出提示(16，19).

变式空间：这个阶段，学生体验了面积关系和边的关系这两个特征，这对于发现定理是很关键的. 关于面积关系，学生通过拼图体验到了 C 等于 A 加 B(从具体物理表征转向几何表征)，而且这种关系通过几个事件得到了强化，比如提醒学生“不会是 A 等于 B 等于 C”(4)，还有清楚解释(8，9)和重做活动. 关于第二个方面：c 的平方等于 a 的平方加 b 的平方，经过老师提问和提示(19～22)，学生在解释的过程中得到了不同的体验(从几何表征转向代数表征).

案例 B

在 HK3 这节课上，教师强调面积关系的探究.

首先，通过与 HK1 相似的活动，教师与学生合作发现面积关系. 然后，教师给学生一张工作单，学生要根据图中已知的两个正方形的面积，找到第三个正方形的面积. 例如，如果 $C=48\text{cm}^2$，$A=12\text{cm}^2$，那么 $B=$？[见表 5-2 中的图(2)]之后，教师组织了另一个活动，让学生通过数和运算来计算正方形的面积，如图 5-7 所示.

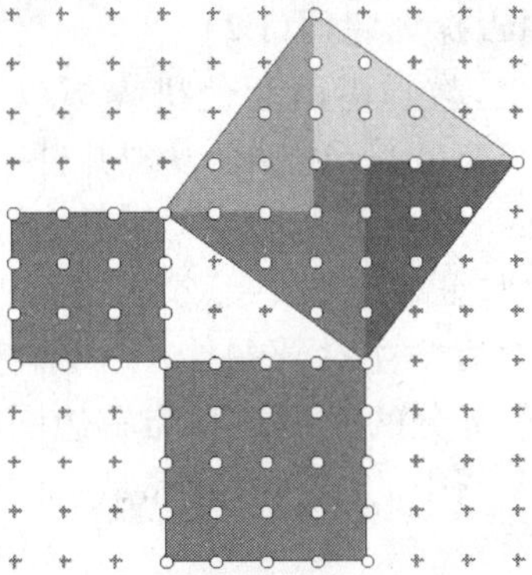

图 5-7　代数方法演示面积关系

例如，根据图 5-7，教师直接演示了如何计算两个小正方形的面积($a^2=9$，$b^2=16$)，以及如何通过将四个全等直角三角形的面积与小正方形面积相加得到最大的正方形的面积($c^2=4\times4\times3\times2+1=25$). 接下来学生再次确认面积关系($A+B=C$). 然后学生计算相似的图中正方形的面积(例如，三个正方形的面积分别是 $a^2=25$，$b^2=4$，$c^2=29$). 此外，教师强调正方形的面积可以用边的长度的平方表示. 因此，面积关系 $A+B=C$，也就是 $9+16=25$，可以写成 $3^2+4^2=5^2$.

尽管教师鼓励学生寻找 a、b、c 三边之间的关系，但是学生仍然考虑面积关系. 最后，教师自己说出了边的关系.

变式空间：教师再次试图给学生提供各种各样的机会去体验两个方面，即面积关系和边的关系. 事实上，教师在帮助学生发现面积关系上给予了更多关注，从具体物理的(活动)和代数的(计算面积)两个方面验证 A 加 B 等于 C 这个关系，并通过练习来巩固这一关系. 虽然教师试图通过开放性的问题，引导学生发现边的关系，但最后还是教师直接给出了这个关系. 在这一点上，这节课上的学生通过各种方法体验了面积关系，而不是边的关系.

(4)小结

这四节课通过拼图游戏从多方面体验，在发现面积关系上似乎很成功. 但是，在根据面积关系推断边的关系时，这些课有质的区别. 除了案例 B，其他三个案例和案例 A 一样，通过教师的开放性问题引导学生解释，在建立对于边的关系的体验方面都是成功的.

2. 通过套色拼隔板探究定理(E2)

在 HK8 这节课上,教师借助套色拼隔板以及透明胶片对图进行比较[图 5-8(1)及图 5-8(2)],让学生发现并证明勾股定理.

(1)演示(Demonstration)

教师首先让学生验证两个图中正方形的面积相等,它们都是边长为$(a+b)$的正方形. 然后学生计算每个图中涂色部分的面积. 学生能够断定,左边图中涂色部分的面积之和与右边图中涂色部分的面积之和相等,这是因为每个图中的涂色部分都是由四个全等的直角三角形组成的(如图 5-8 所示).

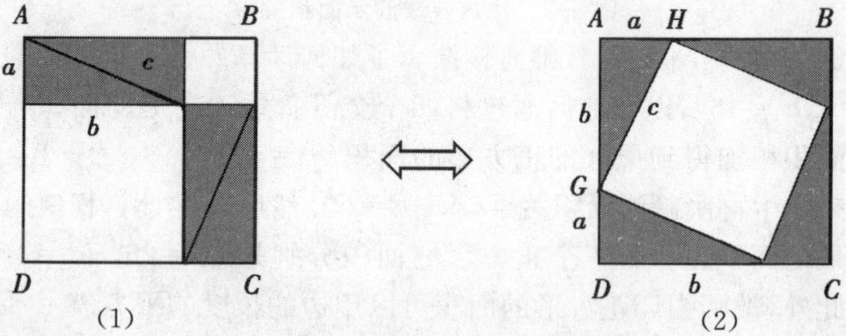

图 5-8　两种方法拼割图形

演示过程中,教师很善于精确而简单地呈现并说明相关信息. 有时候教师会问学生一些具体的问题,并要求他们给出简单公式和事实. 总体而言,发现面积关系的过程由老师演示和说明,学生回答几个具体且关键的问题.

(2)辨析(Discernment)

接下来,教师拿走了每个图中的涂色部分(如图 5-9 所示),让学生找出剩下部分的面积,以及这两个图的面积之间的关系.

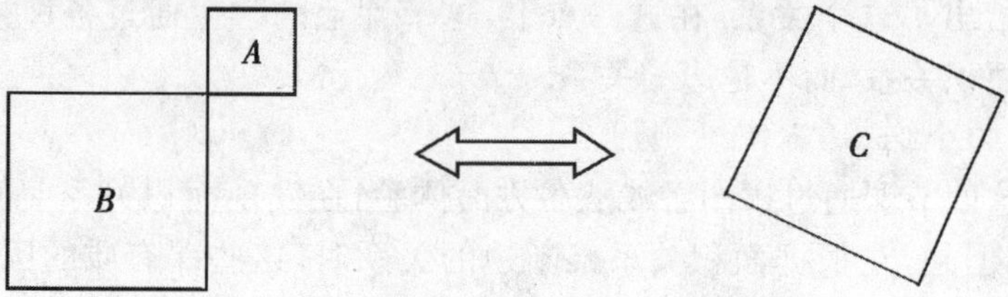

图 5-9　拿走涂色部分之后的面积关系

最后，教师告诉学生勾股定理，并将定理投影在屏幕上(几何表征). 下面引用的课堂实录表明了他们的发现过程.

HKB1

1. T：好，有没有人能告诉我，事实上这个图，这个图中 A 加上 B 的面积和这个正方形 C 的面积，是什么关系?

2. Ss：A 加上 B……

3. Ss：A……

4. T：你说什么?

5. Ss：A 加上 B 等于 C.

6. T：等于. 有同学说这两个图的面积相等. 为什么?

7. T：你为什么说它们是相等的?

8. Ss：因为……四个……

9. T：对，有同学刚才说了. 他注意到我前面做的事情，我拿走了四个紫色的直角三角形，对吗?

10. T：这就意味着，我知道这四个直角三角形的面积是相等的.

11. T：如果我同时拿走这四个直角三角形，我们刚才说过它们是相同的，对吗?

12. T：这两个，它们的长和宽都是 a 加 b，它们的面积相等.

13. T：如果我拿走四个直角三角形，我就是拿走了相同的东西. 那么得到的面积，是不是就是 A 加 B 的面积等于 C 的面积?

14. Ss：是的.

15. T：对，我们得到了，这是结果.

16. T：好，这个正方形 A，这个面积，加上正方形 B 的面积，等于 C 的面积，是吗?

17. Ss：是.

根据实物演示，学生能够找到 A、B、C 的面积之间的关系(5)，但是他们不能给出清楚的解释(8). 然后教师按照"从相同面积中拿走相同的东西，剩下的也相等"的原则，演示并说明面积关系(9～17).

HKB2

18. T：好，事实上，这个告诉你什么呢? 它告诉你在一个直角三角形中，三条边之间的关系.

19. T:勾股定理告诉你什么？定理说，在一个直角三角形中，这里是一个直角三角形，看见了吗？

20. B:勾股定理：直角三角形中，斜边的平方等于另外两条边的平方和.

21. T:在一个直角三角形中，直角所对的边，也就是边AB，是斜边.

22. T:而且，小写字母a和小写字母b的边，我们称它们为直角边.

23. T:定理说在直角三角形中，斜边的平方等于其他两边的平方和.

24. T:斜边的平方，就是c平方等于另外两边的平方和——a(平方)加b(平方)，是平方和.

25. T:两条边的平方之和.a平方加b平方，记住.

26. T:定理告诉你，在三角形ABC中，如果角C是直角，那么a平方加b平方……

27. T:在这个直角三角形中，直角边的平方之和，等于斜边的平方.

28. T:因此，如果三角形ABC的角C是直角，那么$a^2+b^2=c^2$，用的时候简称为勾股定理.

(HK8，实录，p.4)

成功说明面积关系之后，教师开始推导边的关系(代数表征).教师似乎没有给学生思考留下足够的空间，而是很快用幻灯片将结果投影出来，然后进行了详细的解释(20～28).

变式空间：在探究定理的过程中，以下这些实例是为了体验面积关系.首先用两种不同的方法引入拼割正方形并计算面积，这是发现面积关系的关键点.其次，呈现面积关系的不同方法：演示(具体物理的)，说明(口头的)，以及表达式(符号的).但是错过了两个可能引入变式的机会.一个机会是教师没有说明为什么中间的图是一个正方形.这一点对于将验证发展成为严格的数学证明来说可能是至关重要的.另一个机会是教师自己说了边的关系，而没有让学生解释.

(三)直接得到边的关系(D1)

还有其他变式维度以帮助学生看清楚边的关系.

1. 通过计算正方形面积检验猜想(E3)

(1)活动(Activity)

在 HK2 这节课上,教师指出勾股定理是关于直角三角形 ABC 中 a^2、b^2 和 c^2 之间的关系,而不是 a、b 和 c,也不是 a^3、b^3 和 c^3. 之后,教师让学生计算课本上不同边长的三个图中所有正方形的面积[如图 5-10(1)、(2)、(3)所示]. 学生需要填写如下所示的一张表格.

【提示:对于每个三角形,

(ⅰ)借助小方框,计算边 a 和边 b 上的正方形的面积;

(ⅱ)计算边 c 上的正方形的面积(正方形中的虚线会有帮助)】

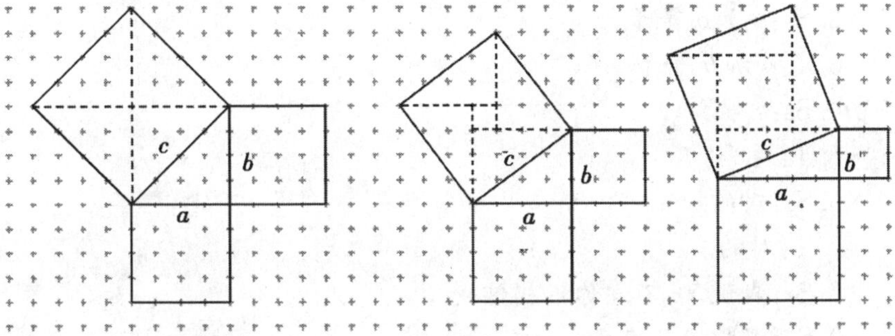

(1)　　　　(2)　　　　(3)

图 5-10　计算面积关系的图

根据图 5-10 填写下表:

图序号	边 a 上正方形的面积($=a^2$)(平方单位)	边 b 上正方形的面积($=b^2$)(平方单位)	边 c 上正方形的面积($=c^2$)(平方单位)
(1)			
(2)	16	9	25
(3)			

(2)辨析(Discernment)

根据上述活动,学生要考虑以下问题:

(ⅰ)图(1)中,是否有 $a^2+b^2=c^2$?

(ⅱ)图(2)中,是否有 $a^2+b^2=c^2$?

(ⅲ)图(3)中,是否有 $a^2+b^2=c^2$?

这个活动为学生提供了一些特殊案例(具体体验),学生可以体验计算以直角三角形的边构造的正方形的面积. 然后,学生要组织一些独立的数据,从而探索教师希望他们发现的某种模式(发现的脚手架).

根据前面的实验,教师希望学生得出关于直角三角形的三条边关系的一般结论. 教师采用下面的课堂实录中显示的开放性问题让学生进行讨论.

HKC

1. T:好,我们可以得到一个结论. 做了这个实验之后,对于 a^2、b^2 和 c^2,准确的公式是什么? 公式是什么?

2. Ss:a 加 b 等于 c.

3. T:a 加 b 等于……

4. Ss:c.

5. T:对吗?

6. Ss:对的.

7. T:对的.

8. Ss:我说了,不过你不相信我.

9. Ss:漏掉了 2 次方.

10. Ss:平方.

11. T:我们把这个放大一点.

12. Ss:错了.

13. T:哦,你发现了这里有一个平方. 这就是说 a 加 b 不等于 c.

14. Ss:a 平方加 b 平方等于 c 平方.

15. T:应该是 a 平方,a 平方,a 平方.

16. T:对. 从现在开始当我们计算这些图形时,记住把这个长度……举个例子,如果这是 4,那么把它变成……

17. Ss:4.

18. T:16. 如果这是 3,把它变成……

19. Ss:9.

20. T:9. 如果这是 5,把它变成……

21. Ss:25.

22. Ss:25.

23. T:25. 取平方,然后相等. a 加 b 决不等于 c. 只有平方时才相等,对吗?

24. T:好,我们总结一下. 这就是勾股定理.

25. Ss:……

26. T:勾股定理.

27. T:好,我想问一下,这个等号,右边指的哪条边?

28. Ss:斜边.

29. T:斜边. 总是这样的,永远.

30. B:$a^2+b^2=c^2$. 勾股定理.

(HK2,实录,p. 7)

以上片段中,虽然学生在讨论的一开始回答问题时犯了一个错误,就是 $a+b=c$(2),但是在教师的引导下学生最后找到了正确的关系(5～15). 而且,教师利用学生的错误,强调了关系应该是 $a^2+b^2=c^2$,而不是 $a+b=c$(23). 同时,教师让学生用具体的数字验证公式(16～23). 之后,教师给出了勾股定理,并强调指数和斜边,也就是公式的形式.

变式空间:这个探究活动中,教师试图通过这样一些变式维度让学生看到边的关系. 首先,研究不同的三元数组(a^2,b^2,c^2),发现关系:$a^2+b^2=c^2$. 其次,教师有意地提醒学生注意 a、b、c 的指数,以弄清楚勾股定理公式中的次数是二次.

2. 通过画图、测量和计算进行推测(E4)

在 HK4 这节课上,学生要画一个底边是 4cm,高是 3cm,斜边是 5cm 的小的直角三角形,并剪下来. 之后,教师带领学生计算 3^2、4^2 和 5^2,并鼓励学生推测直角三角形的三条边之间的关系. 虽然有些学生突然间正确地说出了关系,但是他们不能给出理由.

变式空间:教师没能为学生发现边的关系提供变式,因为只研究了一个三元数组,所以,根据变异理论,学生不能发现边的关系.

3. 小结

在这两节课中(E3、E4),教师采用了相同的方法发现定理:直接考虑边的关系. 但是,他们在为学生体验关系提供的变式方面有质的区别:在 HK2 这节课上,为了让学生探究定理,教师设置了关注边的关系的变式，而 HK4 这节课的教师没有使用相应的变式.

(四)勾股定理的描述

不同的教师关注勾股定理的不同特征，因此他们会为学生体验准备不同的关键点. 在发现勾股定理之后，教师通常会为学生体验定理构建两个维度的变式：文化遗产和定理表达.

1. 文化遗产

介绍勾股定理的历史. 例如，数学家毕达哥拉斯及其贡献，勾股定理的中国历史.

2. 定理表达

定理的表示也有不同的形式，比如：

(1)文字表述. 把定理看成命题：直角三角形中，两条直角边的平方之和等于斜边的平方.

(2)数学公式. 将定理看成数学公式：在 Rt$\triangle ABC$ 中，$\angle C=90°$，a、b、c 分别是$\angle A$、$\angle B$、$\angle C$ 所对的边，那么 $a^2+b^2=c^2$.

(3)数学公式的变式. 介绍如下这些公式的变式：

①$BC^2+AC^2=AB^2$ 或 $BC^2=AB^2-AC^2$ 或 $AC^2=AB^2-BC^2$；

②$a^2=c^2-b^2$ 或 $b^2=c^2-a^2$；

③$a=\sqrt{c^2-b^2}$ 或 $b=\sqrt{c^2-a^2}$；

④如果$\angle B=90°$，那么 $a^2+c^2=b^2$，等等.

(4)几何表征. 把定理看成面积关系，也就是，直角三角形中，斜边上的正方形面积等于两条直角边上的正方形面积之和. 教师用到的变式维度见表 5-3.

表 5-3　香港课堂对勾股定理的描述

课	关注的特征				
	文化遗产	面积关系	文字表述	数学公式	公式变式
HK1	√	√	×	√	×
HK2	×	√	×	√	√
HK3	√	√	√	√	×
HK4	√	×	√	√	×
HK5	√	√	×	√	√

续表

课	关注的特征				
	文化遗产	面积关系	文字表述	数学公式	公式变式
HK6	×	√	×	√	×
HK7	×	√	×	√	√
HK8	√	√	√	√	√
总计	5	7	3	8	4

勾股定理是什么意思？只是一个数学公式，文字描述的数学命题，或者是一些数学方法和数学历史的化身？很明显，学生体验的变式维度会影响他们体验定理的丰富程度. 表 5-3 显示，所有老师都清楚地提出了定理的数学公式. 除了 HK4 这节课，所有老师都根据几何表征对定理进行了探究和说明. 但是，只有一半的老师关注到了数学公式的变式，而且八位老师中只有三位用文字清楚地陈述了定理. 因此，香港更多地将勾股定理看成数学公式或几何表征，而不是文字形式的命题. 而且，对文化特征以及公式的变式强调比较少.

(五)小结

这一部分讨论了香港课堂上介绍勾股定理的方式，有两种主要类型：陈述和探究. 而探究活动可以分为两种方法：通过面积关系获得边的关系(D2)，直接得到边的关系(D1). 另外还讨论了每种方法的变式维度以及变式空间.

二、证明

(一)证明的种类

从数学家的角度看，一旦发现或猜想了一个命题，那么就要证明它的正确性. 但是，在教学实践中，教师采用了不同的方法来证明命题. 在香港的课中，我们发现了这样几种对待定理证明的方法：不证明、验证、数学证明，如图 5-11 所示，箭头旁的数字表示属于相应类别的课的数量.

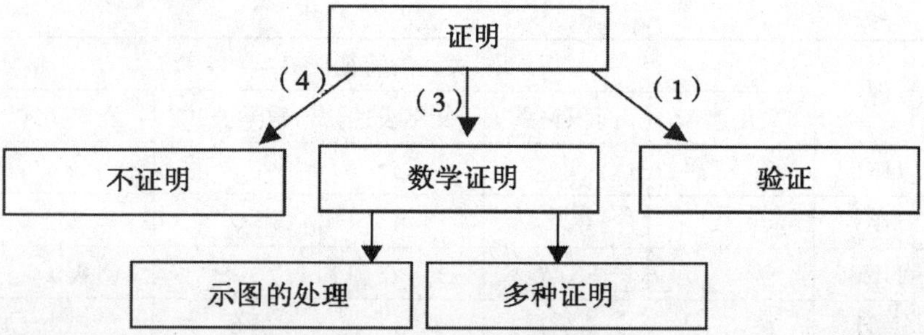

图 5-11　定理证明的分类

不证明包括两种情况：无意中省略和试验失败．有两位教师在勾股定理出来之后就直接跳到例题和练习，还有两位教师虽然想要证明定理，但是未能介绍证明．

有一位教师通过组织游戏来证明定理，根据对套色拼隔板图的演示发现定理．根据上一节中的说明，这里把通过游戏证明正确性称为验证．

三位老师介绍了数学证明．其中的两位介绍了一种证明方法，另一位提供了两种不同的证明方法．下面将说明这三种类型的证明的意义．

此外，介绍证明产生了两种变式维度：是否介绍多种证明方法，以及是否有逻辑地证明图的直观特征．

（二）证明的描述

1. 不证明

前面提到，有两位教师毫不犹豫地省略了证明，还有两位教师虽然想要证明勾股定理，但是未能介绍证明．以 HK5 这节课为例，教师在课上提到“证明”这个词有 10 次，这反映了教师知道要介绍勾股定理的证明．我们也发现教师和学生创造了不同的引入证明的机会，但是最终都没能抓住机会．比如，介绍了定理的发现者毕达哥拉斯之后，教师问：“如果你是毕达哥拉斯，你如何证明这个定理?”一些学生提出，他们可以测量直角三角形每条边的长度，然后把值代入勾股定理的公式．如果公式的左边总是和右边相等，那么就可以证明定理是“正确”的．但是教师否定了这个“天真的想法”，并且说“如果你说我们每次都要测量长度，那么会花费很长时间”．另一个例子，虽然在图的帮助下这个公式很形象，但是学生仍然对直角三角形三条边上的正方形面积之间的关系表示怀疑(见表5-2中的图). 他们问老师“为什么这些正方形的面积加起来等于 C”，以及“a 平方加上 b 平方，怎么就等于 c 平方了”. 但是教师没有对学生的疑问作出回应. 相反，教师解释说“因为我们从做实验中得到了”，“因为我们知道这个面积加这个面积就等于这个面积”.

2. 验证

只有一个例子属于这一类(在这个阶段). 在HK8这节课上，只要发现并证明了定理，教师就进一步组织游戏来提供另一种证明. 活动中，教师要求学生将图剪成一片片的，然后按照挂图重新排列这些纸片. 首先，教师贴了一张挂图，上面有证明勾股定理的步骤. 然后，发给每个学生一份工作单，工作单上有如图5-12所示的一个图，学生要根据如下指令完成工作单：

• 一个直角三角形的两条直角边上有两个正方形(正方形 A 是完整的，正方形 B 由Ⅰ、Ⅱ、Ⅲ、Ⅳ四个部分组成).

• 把正方形 B 的四个部分以及正方形 A 重新组合成直角三角形最长边上的正方形.

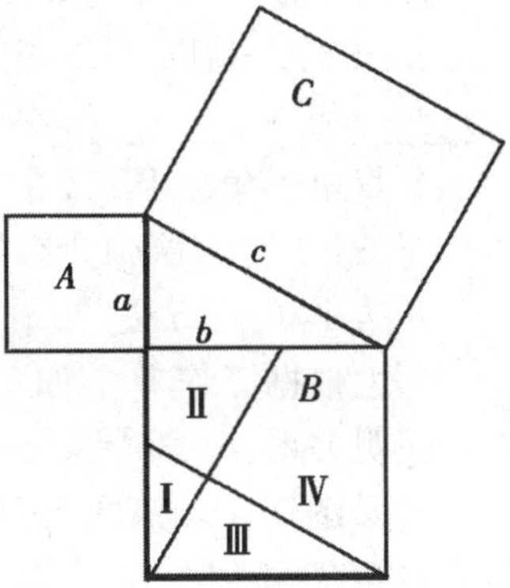

图 5-12

游戏一结束，学生就“找到”面积关系：$A+B=C$，并根据正方形的面积公式进一步“推导”边的关系得 $a^2+b^2=c^2$. 在教师的帮助和说明下，学生成功地得到了上述结果.

3. 数学证明

有三节课介绍了数学证明. 这里按照如下两分法讨论这些证明：单一证明和多种证明；承认图的直观特征或逻辑地证明特征. 另外还将分析这些课中由介绍证明而产生的变式空间.

(1)单一证明和多种证明

两位老师通过套色拼隔板方法介绍了一个相似的证明方法. 还有

一节课介绍了两种不同的证明方法，一种是几何的，另一种是代数的.

与上一节中的 HK7 这节课相似的是，HK4 这节课的老师通过如下所示的半结构化的工作单介绍了证明：

如图 5-13，正方形 $PQRS$ 的边长为 $a+b$，通过求 $PQRS$ 的面积，用两种方法证明勾股定理.

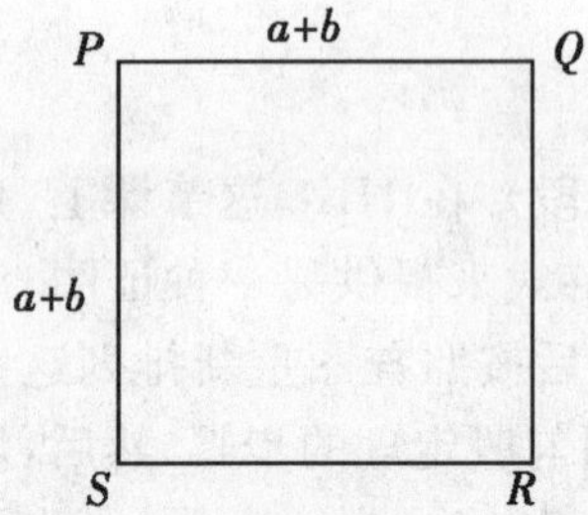

图 5-13

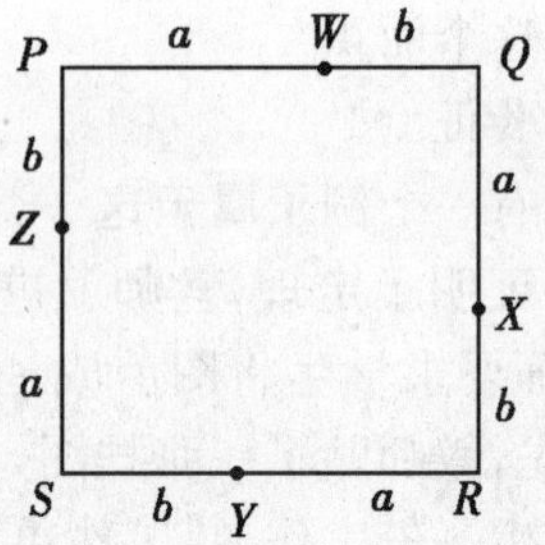

图 5-14

方法 1：直接求 $PQRS$ 的面积.

方法 2：连结图 5-14 中 WX、XY、YZ 和 ZW. $PQRS$ 分成了四个________和一个________$WXYZ$.

令直角三角形 WPZ 的斜边为 c，那么 $PQRS$ 的面积＝________.

而 HK1 这节课中介绍的两种不同的证明方法如下.

方法 1：几何方法

学生根据工作单上如下的指令证明关系：$a^2+b^2=c^2$.

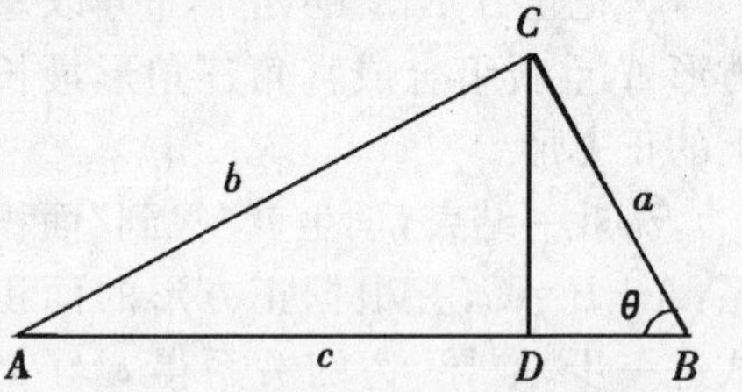

图 5-15

①如图 5-15，哪两个三角形与△ACB 相似？

②如果△ACB∽△ADC，用 a 和 c 表示 AD.

③如果△ACB∽△CDB，用 a 和 c 表示 DB.

④用上述结果证明 $a^2+b^2=c^2$.

方法 2：代数方法

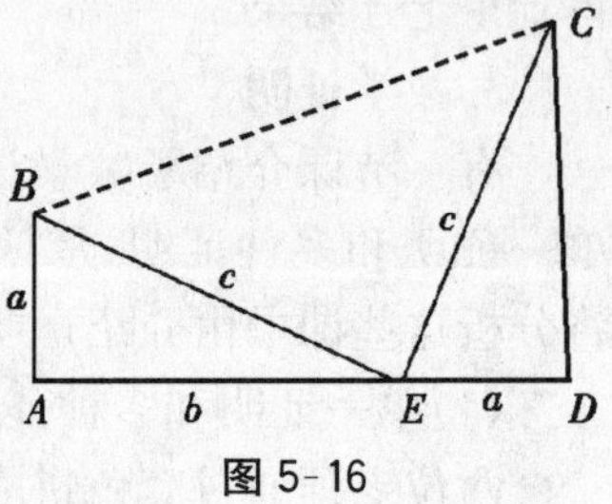

图 5-16

介绍了上面的证明方法后，教师采用相似的策略介绍另一种方法，这个策略也就是半结构化的工作单，具体如下：

①如图 5-16，有梯形 $ABCD$，用 a 和 b 表示它的面积.

②证明$\angle BEC=90^\circ$.

③考虑三个直角三角形的面积之和，用 a、b 和 c 表示梯形 $ABCD$ 的面积.

④利用上述结果，证明 $a^2+b^2=c^2$.

(2)认可与逻辑证明

通过计算具体图形的面积来证明勾股定理，其中的关键点是如何证明图形的特征. 一种方法是直接认可图的特征，另一种方法是逻辑地证明那些明显的特征. 两位老师采用了前者，而一位老师采用了后者. 下面将讨论这两种方法.

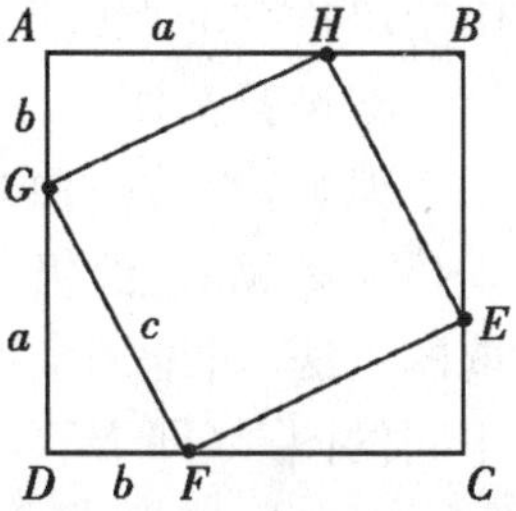

图 5-17

①直接认可.

HK7 这节课上，发现了计算正方形面积的第一种方法后，教师让学生去找计算面积的第二种方法，也就是拼图(见图 5-17).

HKD

1. T：好，谢谢，很好. 这是正方形 $ABCD$ 的面积. 好，你能告诉我面积，嗯，三角形 A……哦，我们没有顶点. 好，我加上去. $ABCD$，EFG 和 H. 三角形 AHG 的面积. 面积，这里，我想要这个三角形的面积. 这个直角三角形. 那么，答案是什么？结果是什么？哈哈，这回你知道答案了？好，告诉我答案. 不，不，就告诉我答案，好吗？好，答案是……？

2. Ss：a 平方加上 b 平方……

3. T：a 平方加上 b 平方？直角三角形的面积.

4. Ss：不，不，不，不，不. a 乘以 b……

5. T：回到你的座位去. a 乘以 b，然后……a 乘以 b 除以 2. 好，但事实上，图上有几个直角三角形？

6. Ss：四个.

7. T：实际上有四个. 因此，乘以 4，这里乘以 4. 这样我们有了 $2ab$，对吗？三角形 AGH 的面积乘以 4，嗯，等于 $2ab$. 好，最后，我要你告诉我正方形 $EFGH$ 的面积. 面积，Yong，不知道？我要的是这个正方形(指着图 $EFGH$)的面积. 实际上,这个正方形的边是 c.

8. Ss:c 平方.

9. T:c 平方,谢谢. 好,我想我要把这部分擦掉.

在这一段对话中,教师直接认可了包括四个直角三角形以及一个小的正方形在内的图的外部结构. 事实上,小的图为什么是正方形是这个证明的关键. 但是,根据直观的图,这是很显然的. 一般而言,就初中阶段推理的严密性而言,这个证明是可以接受的.

②逻辑证明.

但是,有另一种方法解释图的特征,而且在这个方法中,虽然结果是显而易见的,但仍需要逻辑的证明. 下面说明 HK1 这节课的教师采取的方法. 讨论了证明 2 中的问题 1 之后,讨论转向了问题 2:为什么中间的图形(即 BEC)是一个等腰直角三角形(见图 5-18)?

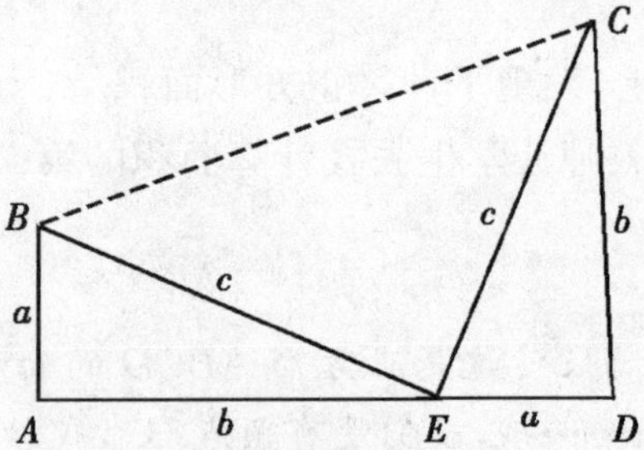

图 5-18

HKE

1. T:问题 2,它让你证明$\angle BEC$ 是 90 度. 证明它,不要认为这是显然的. 如何证明? 它说,首先,令$\angle CED$ 和$\angle EBA$ 是 θ. 这里,我们知道这两个角相等,这个角等于什么? 它等于这个角. 像我这样写. 现在做什么? 在图上把$\angle CED$ 写成 θ. 然后……把$\angle EBA$ 也写成 θ. 好了吗? 完成了? 好,现在我要你们帮我求$\angle BEA$. 填好就可以了. 用三角形的内角和. 看看你对不对. 用三角形内角和,减去一个,然后再减一个,我们得到了这个角. 这个角是多少? 它是……已经写在黑板上了. 它是 90 度减去 θ. 为什么我们要求出这两个角? 为什么我们要求出这个和这个? 因为,我们的目标是什么? $\angle BEC$. 你们还记得吗,一条直线,三个角的和,等于多少度? 多少度,Matt?

2. Matt：好像是180度.

3. T：180度. 那么你用180度去减……这个蓝色的角，然后减这个红色的角，就得到了中间的角. 大家都记得. 大家试试求$\angle BEC$. 如果不用括号，你很可能求不出来. 你会不记得变号. 中间的90度减去θ变成加上θ. 化简之后，Charlie，得到什么？（Charlie答90度）90度. 正确. 这实际上是一个直角.

根据这一段，教师很耐心地证明“$\angle BEC$等于90度”，这是这个证明的关键，尽管这是一个显而易见的结果. 这反映了教师强调并且看重严格的逻辑性.

(3)变式空间

就数学证明而言，有两个方面对学生学习证明是至关重要的. 一个方面是有多少种证明方法，另一个方面是证明的严格性.

关于第一个方面，如果学生知道了多种方法，他们可能理解一个定理会有不同的证明方法. 否则的话，学生可能认为这个定理只有一种证明方法. 因此，HK1这节课的老师建立了多种证明方法的变式维度，而HK4和HK7两节课的老师没有做到.

关于证明的严格性，HK4和HK7两节课的老师直接认可了“中间的图形是正方形”，而HK1这节课为这一明显结果提供了逻辑证明——“为什么角BEC是直角”.

因此，从两方面来看，为了学生的学习，HK1这节课的老师比HK4和HK7的老师建立了更加宽广的变式空间.

(三)小结

正如前面所描述的，证明勾股定理的方法有多种多样. 如果把某些探究活动看成是验证的话(HK1、HK2、HK3、HK6、HK7、HK8)，可以发现八位教师中的六位直观验证了定理(有些教师在这个阶段没有证明定理，但是在前面的探究定理阶段验证了定理)，八位教师中的三位介绍了数学证明，特别是其中的一位介绍了多种数学证明方法，并证明了图的直观结果，这是介绍证明的基础. 只有一位教师陈述了勾股定理而没有任何形式的证明(HK5). 表5-4总结了方法种类和变式维度.

表 5-4　证明方法分布

方法种类和变式维度	频数
验证	6
单一证明	2
多种证明	1
图的证明	1

三、练习

(一)问题的分类

一节课上,通常在介绍了新的主题之后会做一些例题和课堂练习.正如第三章第四节中讨论的,不同类型的问题服务于不同的教学目标.因此讨论不同的问题类别、问题的组织及问题解决的不同策略也是很重要的.

根据顾泠沅(1994)对问题的分类(详见第三章第五节),问题可以详细地分为三类:记忆、解释和探究.不过,在看了香港所有的课之后我们发现,没有记忆水平的问题,而有些问题无法归到这三类中,这些问题主要是为使用勾股定理作准备的,比如计算平方根等.这里称这类问题为预备问题.因此,香港课堂中的问题分类如表 5-5 所示.

表 5-5　与勾股定理相关的问题分类

问题分类	在勾股定理应用中的示例
预备水平问题	计算幂和平方根
解释水平问题	直接给出直角三角形的两条边长,计算第三条边的长度; 直接给出三角形三条边的长度,判断一个角是否为直角; 在日常生活背景中,直接给出直角三角形的两条边长,计算第三条边的长度
探究水平问题	间接给出直角三角形的两条边长,计算第三条边的长度; 通过构造直角三角形,应用定理; 不良结构的问题(试错法,不同情境中的讨论)

(二)课堂中使用的例题

以下的例子将说明香港课堂中的三类问题.

1. 预备水平问题:计算平方和平方根

这类问题主要关注平方以及平方根符号的使用,而不是勾股定理的应用.以下是一些例子:

例 1 求出式子中 x 的值:$x^2=3.6^2+2.2^2$ (HK3)

例 2 判断下面的数是否是完全平方数:441;729;160 (HK5)

例 3 填空:$6^2+8^2=$(________);8^2+(________)$=10^2$;(________)$^2+12^2=13^2$ (HK6)

2. 解释水平问题

这一水平的问题有三种:直接给出直角三角形的两条边长,计算第三条边的长度;在日常生活背景中,直接给出直角三角形的两条边长,计算第三条边的长度;直接给出三角形三条边的长度,判断一个角是否为直角①.

①直接给出直角三角形的两条边长,计算第三条边的长度(见图5-19a~c 三个问题).

②直接给出三角形三条边的长度,判断一个角是否为直角(见图5-19d 的问题).

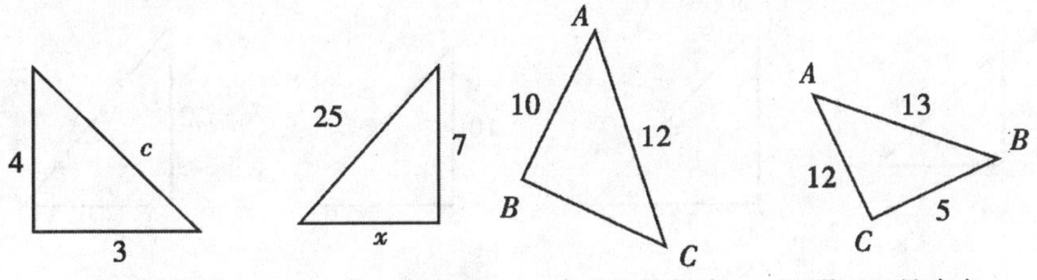

求 c 的长度(HK3,HK6,HK8) a　求 x 的长度(HK2,HK8) b　求 BC 的长度(HK7) c　证明∠C 是直角(HK4) d

图 5-19

③日常生活背景中的问题.

问题:一队士兵要进攻一座城堡,而他们需要经过一条 15 米宽的河和一面 20 米高的墙.

a)他们怎样才能到达墙的顶部?(假设他们不能借助任何方法飞

---

① 由于一些老师介绍了勾股定理的逆定理,有一些问题是关于逆定理的应用的,因此这里也把它们认为是勾股定理的应用.

过这面墙）

b)他们到达墙的顶部的最短距离是多少？（HK8）

3. 探究水平问题

①复杂的数学背景问题(如图 5-20 所示).

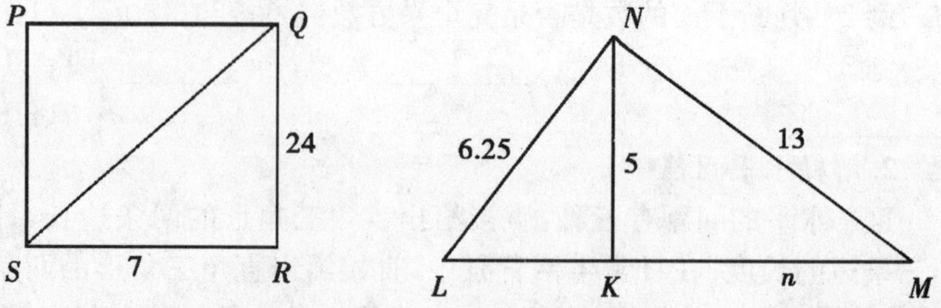

求矩形的对角线 QS 的长度(HK4)　　求三角形 LMN 的边 LM 的长度(HK7)

图 5-20

②不良结构的问题.

问题:使用下列数字(每个数字只能用一次),找出每个直角三角形的其他两条边的长度.可用的数字:3,4,5,6,7,8,10,11,12,13,16,17,24,25,26,61.　　(HK1)

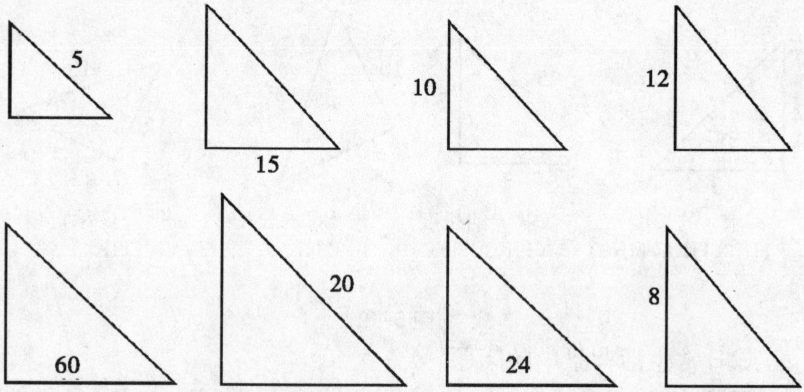

图 5-21

(三)香港课堂中使用的问题分布

根据问题分类的标准,课堂中使用的问题分布如表 5-6 所示.

表 5-6　香港课堂中的问题分布

问题水平	问题类型	香港的每节课中出现的频率								
		1	2	3	4	5	6	7	8	合计(%)
预备	计算幂和平方根			3		6	10			19 (41%)
解释	直接给出直角三角形两条直角边的长度,求斜边的长度			2			1		1	17(37%)
	直接给出直角三角形的两条边长,求第三条边的长度		4		1			3	2	
	直接给出三角形三条边的长度,判断一个角是否是直角				1					
	在日常生活情境中,直接给出直角三角形两条边的长度,求第三条边的长度			1					1	
探究	通过构造直角三角形,将定理应用到数学问题中				1			1		10(22%)
	不良结构的问题	8								
总计		8	4	6	3	6	11	4	4	46

表 5-6 表明,三节课上共有 41%的问题是关于平方和平方根运算的,即预备水平的;而六节课上 37%的问题是解释水平的;在这八节课中,有三节课给学生提供了探究水平的问题(占 22%).

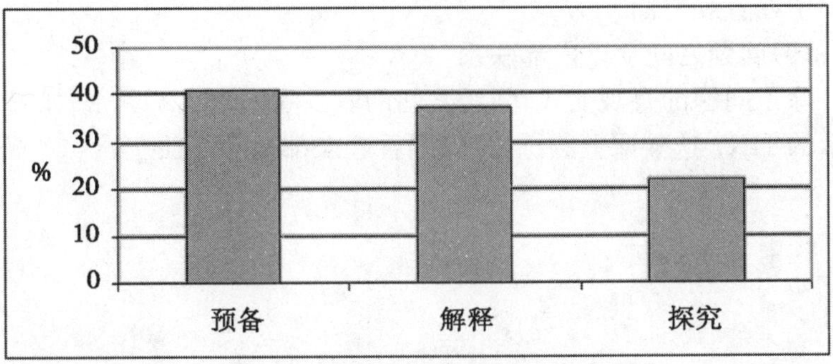

图 5-22　香港课堂使用的问题分布

可以看出，尽管预备水平的问题非常普遍，但是仍然有大约四分之一的问题是探究水平的. 如果进一步看问题的分布，可以得到更多的信息：

(1)狭窄的、两级分化的覆盖

表 5-6 表明，一半的教师只关注两端的练习. 例如，一位教师(HK1)给出了 8 道不良结构的问题，而另外三位教师主要关注预备水平的练习. 如果不考虑两个极端的例子(HK1 和 HK5)，新的问题分布见图 5-23.

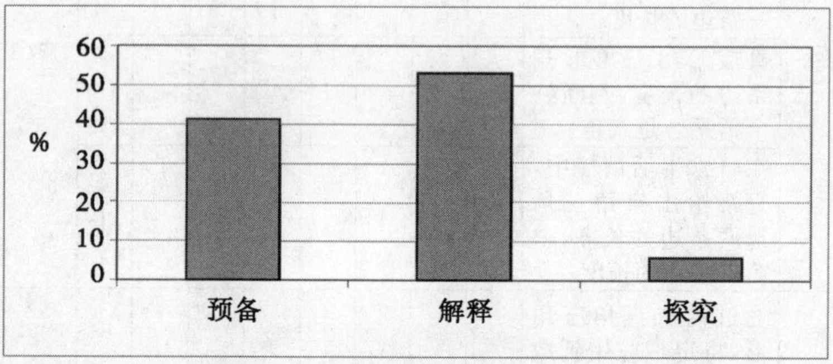

图 5-23 调整后的课堂问题分布

根据图 5-23，超过一半的问题是解释水平，超过 40％的问题是预备水平，探究性的问题不到 10％.

(2)直观的、图形的变式

虽然教师知道要有变式练习，但考虑到问题的变式方法时我们发现，问题只在图形的方向以及边长方面进行变化，简单来说问题的变式集中在直观方面.

(3)问题之间缺乏内部联系

除了问题的直观变式，问题之间的联系看起来也不紧密. 如表 5-7 所示的 HK7 这节课上的练习，问题看起来都是相互独立的.

表 5-7　HK7 课上使用的问题结构

问题	研究者说明
1. 求边 AC 的长度[Ⅰ] 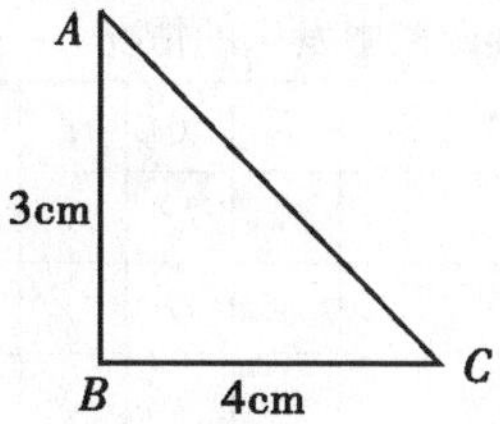	解释水平： 直接使用定理，标准方向的图
2. 求边 MP 的长度[Ⅰ] 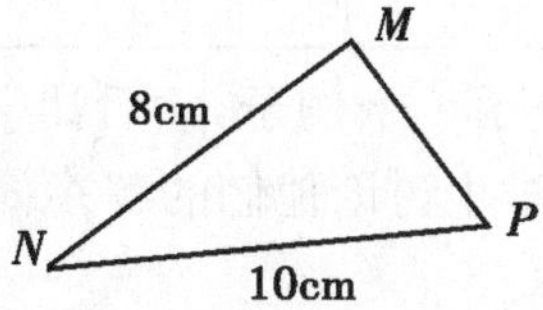	解释水平： 直接使用定理，未知的边和图的方向改变
3. 求边 BC 的长度[Ⅰ] 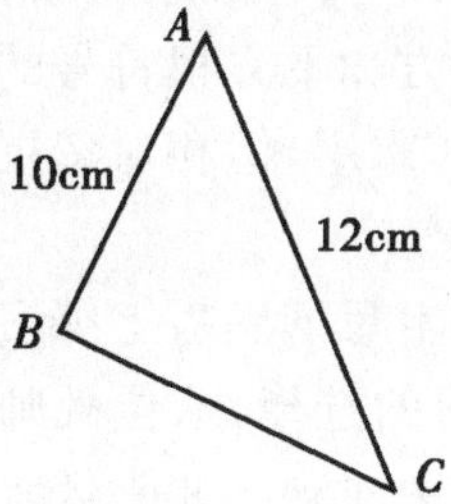	解释水平： 直接使用定理，未知的边和图的方向改变
4. 求边 LM 的长度[E2] 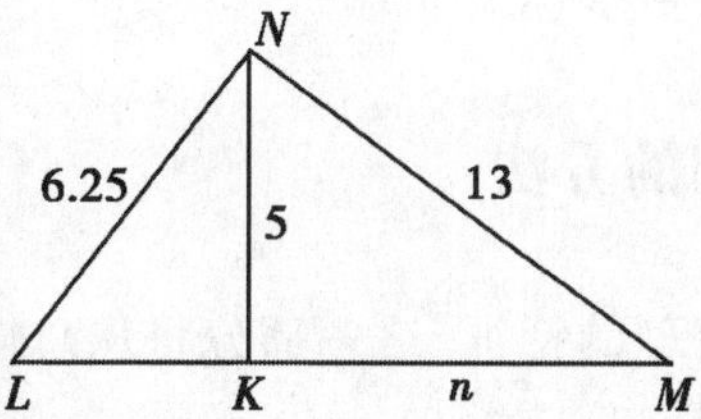	探究水平： 两次使用定理，边长的数字更复杂

(四)进行练习的策略

根据香港的录像课,课堂中进行练习的策略如表 5-8 所示.

表 5-8 组织例题和练习的策略①

策略类型	香港课堂中发生的情况							
	1	2	3	4	5	6	7	8
核对学生的答案					✓	✓	✓	
教师演示、说明步骤,结合偶尔的提问	✓	✓	✓	✓	✓	✓	✓	✓
学生在黑板或屏幕上演示他们的方法,教师讲评		✓					✓	✓
教师在黑板或屏幕上示范解答模式			✓	✓				

课堂中一个普遍的惯例是:教师首先演示一个例子,然后让学生写下黑板上的全班练习的解答,最后教师和学生讨论他们的解答.

(五)小结

我们发现,所有的老师都注重课堂练习的直观变式.根据本研究采用的理论框架,不同的问题服务于不同的教学目标和学习目标.香港的教师似乎更注重"基本技能",比如操作平方和平方根符号的基本技能,以及勾股定理的基本应用,也就是"解释"水平,但相对忽视了探究性的问题.

一般用到的策略就是跟着老师的例子,学生写下黑板上练习的解答,然后老师和学生评价解答.但是,关于练习的选择,八位教师中的五位选择的问题覆盖面比较宽,有两位教师只关注到了非常低水平的问题(预备水平),而另一位教师提出的都是很有挑战性的问题.这表明香港课堂中的问题选择似乎比上海更多样.

第三节　香港课堂处理勾股定理的方法

前面部分逐步分析了处理勾股定理的特征.这一部分将从总体上讨论香港课堂中处理这一主题的方式.

---

① 这一分类来自香港和上海所有的录像课.

1. 引入的方法——探究

为了让学生发现勾股定理，八位教师中有七位组织了各种活动. 一半教师组织了非常相似的游戏，要求学生通过探究面积关系推导边的关系. 其中一位教师通过套色板拼面积的方法演示面积关系，然后推导边的关系. 两位教师组织了一些活动直接帮助学生发现边的关系. 因此，可以总结说，香港的教师强调探究定理，尤其喜欢使用几何表征.

2. 证明的方法——多样性

对待定理有三种主要的方法：不证明，验证以及严格的数学证明. 虽然在这一阶段只有三位教师介绍了数学证明，一位教师介绍了对定理的验证，但有六位教师在引入阶段组织了一些活动帮助学生发现并验证定理. 这些也应该看成验证定理的一种形式. 如果把引入和证明两个阶段看成一个整体，那么有四节课介绍了验证，有两节课既有验证又有证明，一节课仅介绍了证明，还有一节课没有任何证明地给出了定理. 因此，大体上是通过多种活动验证定理.

3. 定理的各方面——多重性

在样本教师中，强调几何表征，也就是面积关系的，超过五分之四，而且所有教师都把定理看成一个数学公式. 不过，大约五分之二的教师将定理看成文字命题，一半的教师注意了数学公式的变式. 另外，超过一半的教师介绍了定理的文化特征. 总体而言，相对于勾股定理的其他方面，香港的样本教师更愿意将定理看成数学公式和面积关系.

4. 练习的方式——直观变式

关于练习，似乎所有的样本教师都强调这些方面：图形方向的变式和未知边的变式；同时也强调解释水平的问题. 但是，教师似乎在预备水平层次的练习上给予了太多关注. 问题的选择变化不是太多，因为一些教师可能只关注练习"预备技能"，或者只关注练习不良结构的问题. 另外，超过一半的问题属于解释水平，这只是在基本水平上巩固定理的应用，而探究水平的问题不到十分之一. 因此，香港的教师强调通过直观变式的练习巩固并发展基本技能和问题解决能力.

第四节 学生参与

前面部分讨论说明了香港课堂中的变式维度和变式空间. 但是,我们相信,变式维度建立过程中的学生参与也是影响学习成就的一个重要因素. 本研究用两个概念来刻画学生参与:一个是课堂互动模式,即漏斗模式和聚焦模式;另一个是教学策略的两分法,即以教师为中心和以学生为中心(详见第四章第五节). 而且,通过对这两个概念的组合,可以得到结论:

- 对于聚焦模式,教学策略必须是以学生为中心的;
- 对于漏斗模式,教学策略可能是以教师为中心的,也可能是以学生为中心的.

香港的课堂中有两种学生参与方式:一种是漏斗模式和以学生为中心;另一种是漏斗模式和以教师为中心. 下面将说明这两种学生参与.

1. 漏斗模式和以学生为中心

根据漏斗模式的定义,为了解学生知道多少,教师总是问一些关于事实的问题,问题的答案已经在教师心里了. 在这种互动中,如果学生没有给出适当的反应,教师要么直接给出答案,要么逐步引导学生给出正确答案. 此外,根据以教师为中心或以学生为中心的策略分类,通过以学生为中心策略,教师帮助学生获得他们自己的发现,并通过一系列开放性问题为他们提供自己解释的机会. 下面以课堂实录HKA2(本章第二节中的案例A)为例说明.

在这段实录中,总体而言,讨论的目的是帮助学生发现并说明直角三角形中边的关系. 教师首先通过开放性问题(10)启发学生根据面积关系找到边的关系. 当学生感到困惑时(11),教师提供了一个间接提示(12). 学生给出正确答案后(13),教师让他们解释自己的答案(14). 学生遇到困难时,教师给出一些提示帮助他们逐步阐明他们的想法(16,19,21).

根据上面的特征,一方面,学生在教师一系列问题的引导下得到答案,这表现出了漏斗模式的特征. 另一方面,教师倾向于鼓励并帮助学生表达他们自己的发现并解释，这表现出了以学生为中心策略的特征. 因此，教师采用了漏斗模式的互动和以学生为中心的教学策略. 换句话说，虽然教师控制了师生之间的交流，但是在教师引导性的提问之下，学生仍然很好地参与了学习过程.

2. 漏斗模式和以教师为中心

以 HK8 这节课为例，考虑课堂实录 HKB(本章第二节中的案例B). 在这一段中，教师倾向于演示发现定理的过程，并向学生清楚地解释定理，但是没有为学生思考和表达他们自己的想法留下足够的空间. 换句话说，教学策略表现了以教师为中心的特征，教师似乎用“填鸭式”的方法将结果灌输给学生. 因此，至多认为这是“漏斗模式”.

3. 学生参与的小结

如上所述，两种学生参与之间的相似性主要在于：教师引导学生获得答案和解法，并通过组织某些活动和一系列引导性的问题来控制交流. 它们之间的关键区别在于：教师是否鼓励学生表达他们自己的观察并解释. 如果鼓励学生表达他们的观点了，那么教学策略就是“以学生为中心”，否则就是“以教师为中心”.

表 5-9 总结了课堂互动以及教学策略的类型.

表 5-9　香港的学生参与

学生参与	频数
漏斗模式和以学生为中心	5
漏斗模式和以教师为中心①	3

总的来说，所有教师都倾向于采用“漏斗模式”. 学生基本上都是在教师一系列引导性问题的帮助下发现结果. 但是，如果考虑在学习过程中，教师是否鼓励学生表达他们自己的意见，就会发现超过一半的教师试图采用以学生为中心的教学策略. 因此，在香港的这些课中，虽然教师严格控制了课堂活动，但是他们仍然通过一些精心设计的活动和问题帮助学生参与学习过程.

① 一节课分为三个阶段：引入、证明和练习. 如果超过两个阶段的教学策略是以学生为中心的，那么这节课的教学策略就归为以学生为中心. 否则的话，这节课就是以教师为中心的.

第五节　小结

本章详细分析了这些课的变式空间. 主要结果如下：

· 教师更愿意使用游戏让学生借助面积关系研究边的关系，从而发现定理.

· 处理证明的方法更加多样. 八位教师中只有三位介绍了数学证明. 如果将某些探究活动看成验证，那么八节课中有六节课介绍了验证.

· 所有教师都强调直观变式的大量练习. 但是，几乎近一半的问题都是为应用勾股定理作准备，超过一半的问题着眼于巩固新知.

关于学生参与，研究发现，超过一半的教师努力采用以学生为中心的教学策略，但所有教师都采用了漏斗型的课堂互动. 总之，虽然教师控制着课堂活动，但是仍然在一定程度上帮助学生自己参与学习过程.

第六章 上海处理勾股定理教学的方法

在讨论了香港教师处理勾股定理的方式之后，本章将讨论上海教师是如何处理这一主题的. 本章包括以下部分：首先确定上海课堂中的焦点和变式维度；其次说明这些课中变式维度的类型；然后描述课堂中的学生参与；最后对上海教师处理勾股定理这一主题的方式进行小结.

第一节　课堂结构和变式维度

在讨论课堂的焦点和结构之前，先详细描述一节典型的上海课，这可以提供上海课堂的初步印象.

一、上海课堂的印象

执教编号为 SH02 课的陈女士，某综合性大学毕业，专业是生物学. 大学毕业后，她已经在初中教了五年数学. 这个班上有 40 名学生，录像课像往常一样进行了 45 分钟. 这节课可以分为这样几个阶段：通过提问进行复习；猜想；探究勾股定理的证明；勾股定理的应用；总结和布置作业.

1. 通过提问复习

教师让学生说出已经学过的直角三角形的性质，比如两个锐角互补；斜边上的中线等于斜边的一半；30°角所对的直角边等于斜边的一半，等等. 然后，教师指出，除了这些已经学过的，直角三角形中还有很多秘密. 随后学生开始做一个活动.

2. 猜想

活动按以下步骤组织：

(1)画两个直角三角形，一个三角形的两条直角边长分别是3和4，另一个三角形的一条直角边长是5，而斜边长是13；

(2)测量所画三角形第三条边的长度；

(3)猜想直角三角形三条边之间的关系.

根据画图、测量和计算，学生作出猜想①. 他们的猜想是两条直角边的平方和等于斜边的平方($a^2+b^2=c^2$).

接着学生的猜想，教师进一步追问，猜想是否在所有的直角三角形中都正确，a^2，b^2，c^2 表示什么意义.

学生意识到三角形边长的平方可以看成正方形的面积，之后教师让学生做另一个活动.

3. 探究勾股定理的证明

教师让学生分组活动，用四个全等的直角三角形拼成正方形，计算正方形的面积，并考虑定理的证明. 随后，教师让一个学生展示他的图. 然后教师揭开一个课前准备好的图(见图6-1)，这与学生展示的一样. 接下来教师鼓励学生口头描述用不同的方法计算正方形面积的步骤，并在黑板上写下证明方法.

证明1：

$S_{大正方形}=S_{小正方形}+4S_{三角形}$

$(a+b)^2=c^2+4\times\frac{1}{2}ab$

化简：$a^2+b^2=c^2$

图6-1

这一证明结束后，教师鼓励学生给出其他的

① 在上海，很多学生已经习惯了在上课之前先预习，学生有可能在上课之前已经自学了定理.

图(见图 6-2),并点名让一个学生口头表述他的证明,方法如下.

证明 2:

$S_{大正方形}=S_{小正方形}+4S_{三角形}$

$c^2=(b-a)^2+4\times\frac{1}{2}ab$

化简:$a^2+b^2=c^2$

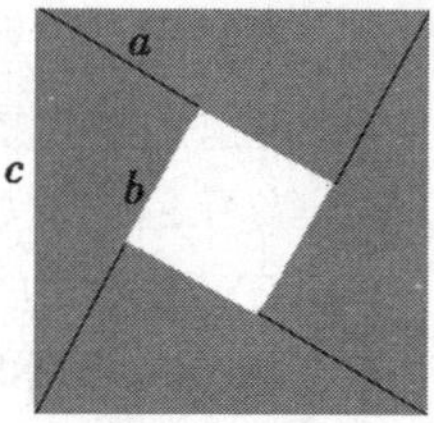

图 6-2

之后,教师揭开了小黑板上的第三个图(见图 6-3),让学生说明证明的步骤,并在黑板上写下了学生的证明.

证明 3:

$S_{梯形}=S_{等腰三角形}+2S_{直角三角形}$

$\frac{1}{2}(a+b)(a+b)=\frac{1}{2}\times c^2+\frac{1}{2}\times ab\times 2$

化简:$a^2+b^2=c^2$

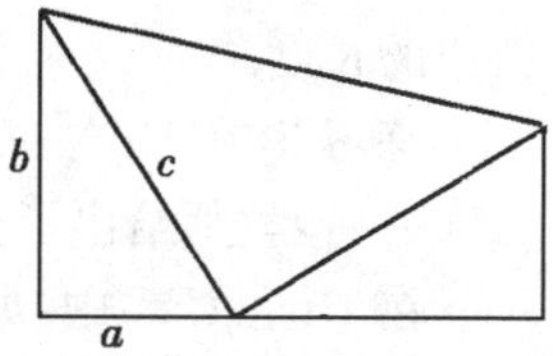

图 6-3

4. 勾股定理的描述

讨论了前面三种证明定理的方法之后,教师介绍了一些历史知识. 例如,古代数学著作《周髀算经》(约公元200 年)中有“勾 3 股 4 弦 5”的说法,其中“勾”指直角三角形中较短的直角边,“股”指较长的直角边,“弦”指斜边. 因此这个定理称为“勾股定理”.

之后教师让学生用文字表述定理. 全班朗读“直角三角形两条直角边的平方之和等于斜边的平方”. 另外,教师指出,在任何直角三角形中,如果给定了两条边,可以应用勾股定理求出第三条边. 为简便起见,教师将这称为“给定两个求一个”.

5. 练习

这个阶段完成了一些作为课堂作业的练习. 通常是教师在前面读问题,学生独立完成,然后学生说出他们的答案,教师在黑板上写下来.

练习 1:在直角三角形 ABC 中,$\angle B=90°$.

(1)$a=6,b=10$,求 c.

(2)$a=24,c=7$,求 b.

讨论这个问题时,教师强调了两点:确定哪条边是斜边,正确使用公式的变式. 例如,如果$\angle B=90°$,那么公式就应该是$b^2=a^2+c^2$.

解决这个问题后,教师让学生编一个问题给全班同学解决. 以下两个问题是学生提出的:

练习 2:(1) 如果$\angle A=90°$,$a=10$,$b=8$,求 c.

(2) 如果$\angle B=90°$,$a=4$,$b=9$,求 c.

练习 3:在等腰三角形 ABC 中,$AB=AC=13$cm,$BC=10$cm,计算 $S_{\triangle ABC}$.

完成练习 3 后,教师又给了两个问题.

练习 4:在一个直角三角形中,如果两条直角边分别是 5 和 12,求斜边的长度.

练习 5:在 Rt$\triangle ABC$中,如果两条边分别是 41 和 9,求第三条边.

之后,教师给出了另一个更加复杂的问题:

在 Rt$\triangle ABC$ 中,如果两条直角边是 5 和 12,$\angle C=90°$,以 A 为圆心、12 为半径画一个圆,以 B 为圆心、4 为半径画另一个圆. 这两个圆与斜边 AB 分别交于点 M 和 N. 求 MN 的长度.

解决了这个问题之后,教师强调画出正确的图非常重要. 然后教师给出了一个具有挑战性的问题让学生课后思考. 这个问题写在一个小黑板上:

在长方形 $ABCD$ 中,$AB=3$,$BC=4$. 如果图形折叠起来使得点 C 和点 A 重合,求折痕 EF 的长度.

6. 布置作业

最后几分钟,教师匆忙地总结了勾股定理及其应用,并布置了作业.

二、上海课堂的焦点和结构

研究了很多遍上海的录像课之后,我们发现,在教勾股定理时,上海教师关注的教学焦点非常相似,教学结构也很相似,这一结构如图 6-4 所示.

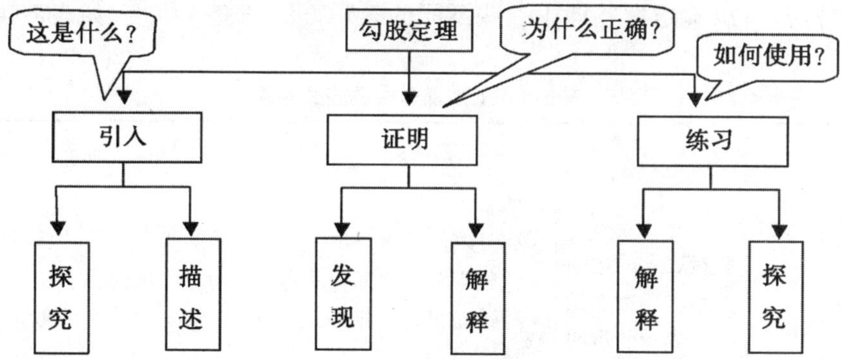

图 6-4　上海课堂的焦点和结构

如图 6-4 所示，共同的教学点包括三个方面：第一个方面是定理的引入，涉及定理是什么.第二个方面是定理的证明，解释了为什么命题是正确的.第三个方面是练习，涉及定理的应用.此外，上海教师采用了非常相似的教学结构来达成这些教学要点.为进一步讨论，这里需要指出有三节课的老师要求学生在课前进行了预习，这些课的教学仅关注证明和练习.其他八节课都包括三个阶段：引入、证明和练习.

第一个是引入阶段，为了复习相关知识，学生先思考一些问题，之后在教师的引导下通过各种活动探究定理.

第二个是证明阶段，除了三节课只介绍了一种证明方法，其他的课都介绍了多种数学证明.在证明了定理之后，所有教师都从文字和数学公式两方面解释了定理，并介绍了勾股定理的一些历史，但是只有两位教师提到定理是一种面积关系.不过，对于定理的这些说明应该归到引入阶段（见图 6-4）.

第三个是练习阶段，所有教师都强调勾股定理的应用：已知直角三角形的两条边，求第三条边.教师示范了一些问题之后，会让学生做各种各样的练习，目的是巩固知识，并发展解决问题的能力.

这些课通常都以小结和布置作业结束.

三、方法种类和变式维度

从变式的角度看，课堂中包含的变式维度应该是一个基本概念，因为它为学生学习勾股定理提供了必要的条件.根据对上海样本课的分析，可以确定这些课中一些不同的教学方法和变式维度，如表 6-1 所示.

表 6-1　上海课堂中的变式维度

焦点	方法种类	变式维度
引入	直接表示的边的关系和通过面积关系表示的边的关系	归纳发现： ·研究不同的三元组 ·比较直角三角形和非直角三角形中边的关系 ·通过面积关系推断边的关系：特殊情境和一般情境 ·演绎发现 ·通过分割面积方法发现：几何表征/代数表征
	表征	·表征：几何的/代数的/文字的 ·公式的不同变式
	文化	文化传统：西方传统/中国传统
证明	发现和解释	·不同的证明：单一的/多种的 ·证明策略：特殊的/一般的 ·表征：几何的/代数的 ·图的处理：直观的/逻辑的
练习	解释	·图的方向：标准的/非标准的 ·未知的边：直角边/斜边 ·给定的三角形：独立的/嵌入的 ·给定的条件：明确的/隐含的；充分的/不充分的
	探究	

以下将说明各变式维度的意思及其在课堂上的建立.

第二节　变式维度的类型

如前面所说，上海的课包括三个阶段：引入、证明和练习. 这一部分将分析课堂的每个阶段中为探究定理而产生的变式维度的类型.

一、引入

(一)变式维度的识别

有三节课的老师要求学生在课前进行了预习，而在其他八节课中，教师试图通过不同的方法帮助学生发现勾股定理. 因此根据活动的类型，这些课基本上可以分为两类. 学生预习了的课分为一类，为发现定理而组织了探究活动的课分为另一类. 探究活动采用了两种方法来发现定理. 一种方法是通过某些活动直接得到边的关系(D1)，另一种方法是通过面积关系得到边的关系(D2). 六节课采用了第一种方法D1，另外两节课采用了第二种方法D2. 对于第一种方法，其中五节课的教师让学生通过画图、测量和特殊的三元数组计算，猜想直角三角形中边的关系. 因此，这就建立了一个变式维度，就是让学生体验不同的直角三角形中不同的三元数组(SE1). 另一节课建立了第二个变式维度，就是让学生比较直角三角形和非直角三角形中边的关系(SE2). 有两节课采用了第二种方法(D2). 其中一节课建立了第三个变式维度，即通过分割图形和几何地呈现推导出边的关系(SE3). 另一节课建立了第四个变式维度，就是研究特殊图形中的直角三角形三边上的三个正方形的面积关系，并从特殊的直角三角形推广到所有的直角三角形(SE4). 图6-5说明了这些方法和变式维度，其中箭头上面或文本框中的数字表示相关的课的数量. 下面将讨论不同的教师如何开展这些活动.

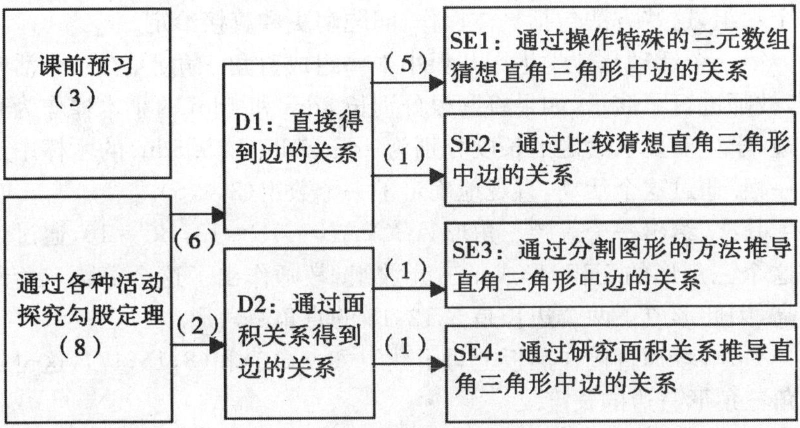

图6-5　探究活动中的变式维度

(二)直接得到边的关系(D1)

根据变异理论,为了辨析包含在变化的案例中的不变性,有必要为学生提供体验不同案例的机会(详见第三章).例如,为了发现直角三角形中边之间的特殊关系,也就是勾股定理(即 $a^2+b^2=c^2$),我们有必要让学生体验几个具体的直角三角形,比如三元数组(3,4,5)、(6,8,10)、(5,12,13)等(SE1).也有其他方法辨析这种不变性,比如从边的关系的角度比较直角三角形和非直角三角形(SE2).以下部分将举例说明通过建立某种变式发现定理的方法.

1.通过研究特殊的三元数组猜想边的关系(SE1)

有五节课通过研究特殊的三元数组探究勾股定理.但是,其中的一节课只研究了一个三元数组.根据变异理论,只通过一个三元数组不可能辨明边之间不变的关系.其他四节课能够为学生提供机会,通过研究不同的三元数组发现定理.

建立这个变式维度有两个关键步骤:一个是建立三元数组,另一个是使用这些数组.关于数组的建立有两种不同的方法:一种方法是学生通过活动建立,另一种方法是教师给出数组.关于数组的使用也有两种不同的方法:一种是用数组检验猜想,另一种是通过对数组的操作形成猜想.

(1)三元数组的建立:教师呈现和通过某些活动建立

①教师呈现.只有教 SH01 这节课的教师通过不同的方法呈现了四个数组,这些方法包括具体操作、问题解决和直接给定.

第一个活动是让学生用几根小木棒组成直角三角形.在这个活动中,教师进行了演示,如果将两根分别长 3dm 和 4dm 的小木棒作为直角边,学生需要从给定的长度分别为 4dm、5dm 和 5.5dm 的木棒中选择一根.通过这个活动,直观地确定了一个数组(3,4,5).

其次,给出一个等腰三角形 ABC,$AB=AC=13$,$BC=10$,通过计算这个三角形的面积,形成了三元数组.教师作出了这个等腰三角形的高,因此形成了两个边长是 5、12、13 的直角三角形.

另外,教师直接在黑板上写了数组(6,8,10)和(8,15,17),这也是直角三角形三边的长度.

②通过某些活动建立.四位教师组织了一些活动,让学生建立数

组. 例如，在 SH04 这节课上，教师让学生画几个直角三角形，这些三角形的直角边长是给定的，学生需要测量斜边的长度.

a. 两条直角边分别是 3cm 和 4cm，量出斜边；

b. 两条直角边分别是 6cm 和 8cm，量出斜边；

c. 两条直角边分别是 5cm 和 12cm，量出斜边.

这些活动完成后，学生要说出他们的答案，然后教师总结说，在任何直角三角形中，如果两条直角边确定了，那么就可以求出斜边. 这样就通过活动建立了三个三元数组(3,4,5)、(6,8,10)和(5,12,13).

(2)三元数组的使用：检验猜想和形成猜想

从不同的三元数组中考察边的关系，其根本目的是发现不变关系：斜边的平方等于两条直角边的平方之和. 但是，为了发现这一关系，课堂中实施活动的方式是不一样的. 有些课上，教师让学生在小组讨论后作出猜想，并通过数组检验他们的猜想. 而其他的课上，教师通过不同的数组演示这一关系并提出猜想.

①检验猜想. 三位教师采用了这种方法. 例如，在 SH01 这节课上，教师让学生分组讨论这些数组的特征，然后说出他们的发现. 一旦学生指出“斜边的平方等于另外两条边的平方之和”，教师就会让学生用(3,4,5)、(6,8,10)、(5,12,13)这些数组进一步验证这个关系.

SHA

1. T：有了另一组数 8,15,17[写在黑板上]. 现在我们讨论一下：如果边是 3、4、5，或是 6、8、10，或是 5、12、13，或是 8、15、17，它们在数量上有什么特征？小组讨论一下. 三条边，数量[写在黑板上].

2. S：[小组讨论]

3. T：[巡视了一圈]听仔细. 三条边在数量上有什么关系？[听一些小组的意见]好，停一下. 请告诉我你们的想法.

4. S：我认为最长的边是斜边.

5. T：对的.

6. S：斜边的平方等于另外两条边的平方之和.

7. T：哦. 他说最长的边是斜边 5，5 的平方等于 3 的平方加上 4 的平方. 他的结论对吗？

8. T：3 的平方是多少？

9. Ss:9.

10. T:4 的平方是多少?

11. Ss:16.

12. T:5 的平方呢?

13. Ss:25.

14. T:那么 3 的平方加上 4 的平方等于多少?

15. T 和 Ss:5 的平方.

16. T:他的结论是否满足下面的数? 6 的平方——

17. Ss:36.

18. T:8 的平方呢?

19. Ss:64.

20. T:10 呢?

21. Ss:100.

22. T:36 加 64 是多少?

23. T 和 Ss:100.

24. T:继续. 5 的平方是多少?

(SH01,实录,p. 1)

从一个开放性的提问开始:"它们在数量上有什么特征?"学生开始发现这些边在数量上的特殊关系. 学生在小组讨论中说出他们的发现之后,教师让学生用其他数组来证实他们的发现(8~24).

②形成猜想. 有一节课的教师通过三个步骤让学生辨析并发现直角边和斜边之间的关系:使用实物模型、验证特殊的三元数组、猜想.

根据第一个数组(3,4,5),教师演示了一个实物模式,如图 6-6 所示. 这个模型包括中间的一个直角三角形及其三边上的三个正方形.

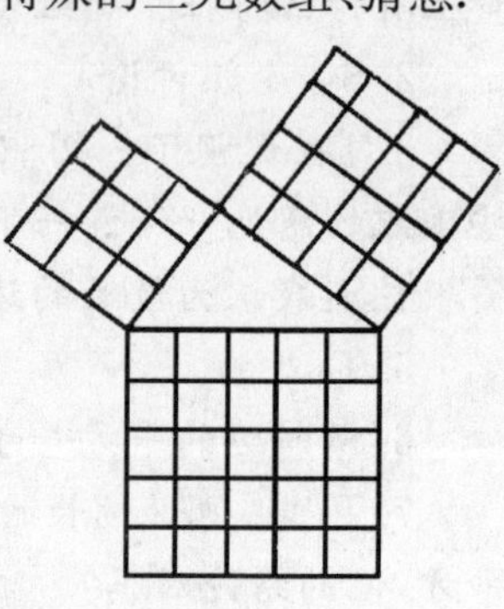

图 6-6

通过计算每个正方形的面积,或者将组成较小的两个正方形的小正方形单元块移动到大正方形中,直观地证实了等式 $3^2+4^2=5^2$.

下面的课堂实录显示了教师是如何验

证数组并作出猜想的.

SHB

1. T:好,非常聪明. 3 和 4 的平方和等于 5 的平方. 那么,结果对吗? 我们来证明一下. 同样的方法证明第二组答案. 一条直角边是……

2. S:10.

3. T:(笑)直角边是——

4. S:6 和 8.

5. T:斜边是——

6. S:10.

7. T:它们满足这个关系吗?

8. S:是.

9. T:8 的平方是——

10. S:64.

11. T:10 的平方是——

12. S:100.

13. T:36 加 64 是 100,是吗?

14. S:对.

15. T:它保持不变. 这一组(第三组)的结果也保持不变吗?

16. S:是.

(SH04,实录,p. 1)

用一个实物模型演示了 $3^2+4^2=5^2$ 这一等式之后,教师让学生做一系列的填空题来检验数组(6,8,10)之间的关系. 之后学生检验了另一数组(5,12,13). 然后教师引导学生猜想边的关系,也就是勾股定理.

2. 通过比较特殊三角形猜想边的关系(SE2)

只有 SH07 这节课的教师让学生研究两条边的平方和与第三条边的平方之间的关系. 老师提出了以下任务让学生在课上讨论. 学生需要观察并比较以下关系:

如图 6-7,$AB^2=$______;$AC^2=$______;$BC^2=$______;AB^2+AC^2 ______ BC^2.

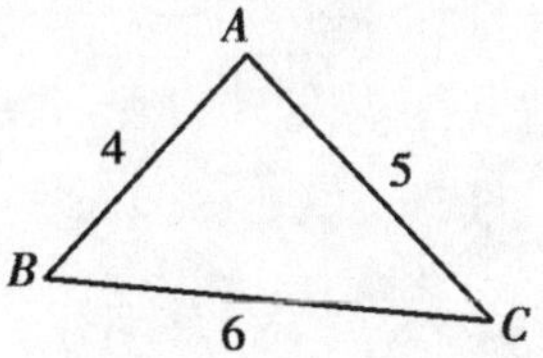

图 6-7

如图 6-8，$DF^2=$______；

$EF^2=$______；

$DE^2=$______；

DF^2+EF^2 ______ DE^2.

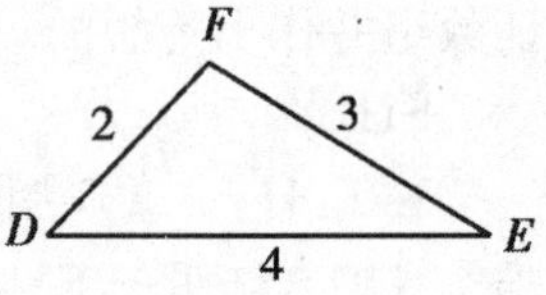

图 6-8

如图 6-9，$MN^2=$______；

$MP^2=$______；

$NP^2=$______；

MN^2+MP^2 ______ NP^2.

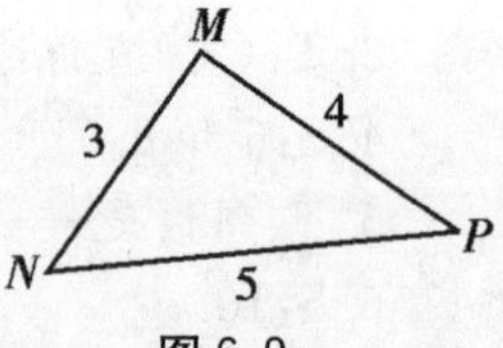

图 6-9

当学生给出计算和判断时，教师用红笔把答案写在幻灯片上.

之后教师指出，根据以上研究，如果一个三角形是直角三角形，那么两边的平方和等于第三边的平方，这个结论好像是正确的. 接着教师进一步问学生这个关系是否对任何直角三角形都成立. 这个问题是这节课的关键问题.

(三)通过面积关系推导边的关系(D2)

使用面积关系来探究边的关系可以有两种方法. 一节课中，学生要拼图并通过计算图的面积来推导边的关系(SE3). 另一节课中，学生在教师的引导下，通过研究特意设计的图中的面积关系，来探究边的关系.

1. 通过分割面积的方法推导边的关系(SE3)

SH03 这节课的教师让学生分组做一个特别的活动. 在这个活动中，学生利用一个正方形和四个全等的直角三角形拼成一个大的正方形，其中直角三角形的斜边与正方形的边长相等，如图 6-10 所示. 之后，几个学生在一个小黑板上展示他们的图(图 6-10).

图 6-10

对于学生展示的图，他们要确定图的形状. 以下课堂实录描述了他们的想法.

SHC

1. T:[学生在黑板上展示了一个图]它变成了什么图形?[教师指着图的中间部分]

2. S:正方形.

3. T:我们没有学过如何证明一个正方形. 考虑一下，为什么这个就是正方形了? 你能根据我们学过的内容来证明它是正方形吗? 考虑一下，是正方形吗? 正方形有什么特征?

4. S:四条边相等.

5. T:如果直角三角形的直角边是 a 和 b，这个大正方形的边长是多少?(正方形)四条边相等. 现在我们来看. 我放的这个大正方形的四条边相等吗?

6. S:对，是相等的.

7. T:好. 它等于多少?

8. S:$a+b$.

9. T:$a+b$. 每条边都是 $a+b$. 这个角是多少度?

10. S:90°.

11. T:四个直角三角形是相等的. 这两个相等的角是多少度?

12. S:90°.

13. T:这个角跟那个相等吗?

14. S:相等.

15. T:它们的和是多少度?

16. S:180°.

17. T:所以它们在同一直线上，这是一个正方形. 现在我们看这个大正方形.

(SH03，实录，p. 1)

学生首先要判断“它变成了什么图形”(1)，并回答“它是‘正方形’”(2). 学生的答案可能来自他们的直观感觉. 教师随后让学生进一步解释为什么这个图是正方形. 学生在教师的引导下给出了三个相互补充的理由. 第一个理由是正方形的四条边相等，第二个理由是顶角是直角，第三个理由是两条直角边在同一直线上(4～17).

之后教师让学生通过计算正方形的面积发现直角边 a、b 和斜边之间的关系. 在教师的引导下，学生使用两种不同的方法表示正方形的面积. 之后，教师化简面积表达式，得到边的关系(见本章第一节中的证明 1).

发现了特殊的边的关系之后，学生要测量所画的直角三角形的边，即 3、4、5，并检验它们是否满足等式($3^2+4^2=5^2$). 随后，教师在黑板上写下定理，全班学生齐读定理.

2. 通过研究直角三角形边上的正方形的面积关系推导边的关系(SE4)

SH10 这节课包括以下步骤：识别一个特殊的图；猜测这个特殊的图中的面积关系；阐明面积关系并作出猜想.

(1)识别特殊图形

第一步，教师首先在课上讲了这样一个故事：

古希腊有个数学家叫毕达哥拉斯，他参加了一个朋友聚会. 虽然他对聚会没兴趣，但是当他走进厕所时，他被地板的图案吸引了. 他仔细研究了如图 6-11(1)所示的图案，得到了一个有趣的发现.

当教师问到"毕达哥拉斯发现了什么？ 你能发现什么吗?"时，学生开始探究勾股定理.

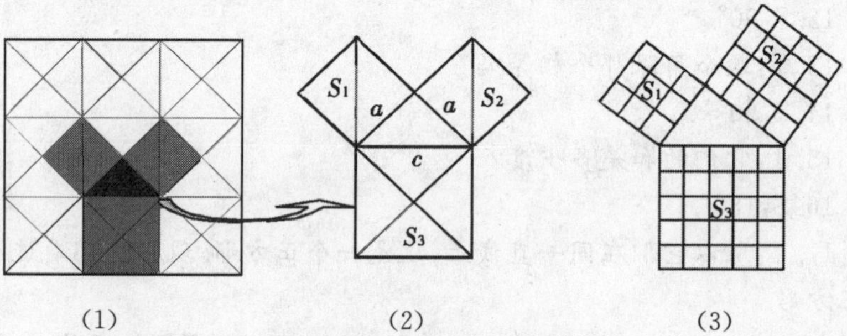

图 6-11　用来发现定理的图

(2)猜想可能的面积关系

第二步，学生说出他们的观察结果. 一些学生发现有很多不同的三角形，一些学生发现有很多不同方向不同大小的正方形. 另外，有些学生发现这些三角形是等腰直角三角形. 根据这些答案，教师暗示这可能是毕达哥拉斯发现的起源，在图 6-11(2)这个特殊的图中，S_1、S_2 和 S_3 之间有着特殊的关系. 之后学生列举了这样一些关系：

- $S_1 = S_2$；
- $S_3 = 2S_1 = 2S_2$；
- $S_1 + S_2 = S_3$.

接下去的讨论中，教师引导学生在其他种类的三角形中检验这些关系.

(3)形成猜想

正如毕达哥拉斯所考虑的，教师提出了这个问题：特殊图形中三个正方形之间的这些关系对于任何直角三角形是否都成立？教师在小黑板上贴了如图 6-11(3)所示的图，然后让学生检验刚刚发现的这些关系是否还成立. 很显然学生不能证明他们给出的前两个关系的正确性，但是他们也不确定最后一个关系是否仍旧成立.

因此，教师鼓励学生去证实第三个关系. 一个学生说可以把 S_1 和 S_2 剪成一个个小正方形，然后拼到 S_3 中. 教师就请这个学生来演示他的想法.

学生演示之后，教师指出，根据前面的活动可以知道，$S_1 + S_2 = S_3$ 这个关系对于任意直角三角形都是成立的. 教师进一步追问："如果我们令这三条边是 a、b、c，三边之间的关系怎样？"学生能够说出关系是 $a^2 + b^2 = c^2$，并能够用正方形的面积公式进行解释.

SHD

1. T：现在我们可以说，刚才得到的结论中哪个是站不住脚的？

2. S：$S_1 = S_2$ 不行.

3. T：为什么？

4. S：因为这两个正方形的面积肯定不相等.

5. T：为什么？

6. S：因为它们的边长不相等.

7. T：它们的边长 a 和 b 不相等，所以第一个特征是站不住脚的. 还有吗？第二个呢？显然它也是不对的. 问题是第三个是对还是错. 认为这个正确的同学请举手. 如果这是正确的，你如何证明？

8. S：将 S_1 和 S_2 剪成一片片的，然后拼贴到 S_3 上.

9. T：他说将 S_1 和 S_2 剪成一片片的，然后拼贴到 S_3 上. 接下去做什么？我这里有一个图[见图 6-11(3)]. 如果我可以将 S_1 和 S_2 很完美地拼贴在 S_3 上，那么 $S_1+S_2=S_3$ 就是正确的. 谁愿意来做？谁想做一回毕达哥拉斯？（学生在黑板上演示切割和粘贴的过程）

10. T：你把 S_1 和 S_2 放到 S_3 里面了. 那么我们可以得到 S_1+S_2 的面积等于第三部分 S_3. 再想一下，如果我把三角形的三条边记为 a、b、c，可以得到这三条边之间怎样的数量关系？

11. S：$a+b=c$……$a^2+b^2=c^2$.

12. T：为什么？

13. S：因为 $a^2=S_1$，$b^2=S_2$，$c^2=S_3$.

（SH10，实录，p. 2～3）

上面的片段中，根据前面的讨论，教师通过提问鼓励学生概括他们的发现. 学生根据特殊的图舍弃了前两个结果(1～7)，在实验之后总结出只有一个可能的关系(8～12). 一旦学生能够说出关系 $S_1+S_2=S_3$，教师就通过一个问题帮助他们将这个关系符号化："如果我把三角形的三条边记为 a、b、c，可以得到这三条边之间怎样的数量关系？"(10)教师也要求学生解释原因(12).

（四）小结

正如前面所说，基本上有两种发现勾股定理的方法，也建立了两个不同的变式维度. 六位教师直接关注边的关系，另两位教师关注相等的面积关系.

典型的变式维度是研究几个三元数组，也就是 SE1，这一方法的目的是辨析本质上保持不变的边的关系. 通过体验这种变式维度，学生可能理解了边的关系中的不变性质，这是勾股定理的起源. 此外，学生能够将这个特殊的定理与一些具体的勾股数相联系. 因此学生可能知道了定理是一种数量关系.

另外，为了让学生体验定理，还有一些其他方法来建立变式维度. SE2 这节课建立的变式维度，比较了直角三角形和非直角三角形，学生能够有意识地将边的关系与直角三角形联系起来. 在 SE3 这一方法建立的变式维度中，学生体验了边的关系，而这个关系是从面积拼贴方法中推导出来的，因此学生更容易将定理看成逻辑的数学命题. 通过体验 SE4 中的变式维度，学生能够将定理与图联系起来，因为图从直观上表示了面积关系. 换句话说，通过建立不同的变式维度，学生对定理的关注可能聚焦于各种不同的方面. 因此，教师从定性的角度为学生学习定理提供了不同的变式空间.

二、证明

（一）证明方法的种类

在这个阶段，所有的教师都注意了勾股定理的数学证明. 其中一位教师简单介绍了一种证明方法，两位教师介绍了一种证明方法并给学生提供了其他一些图让他们课后探究. 其他八位教师都介绍了至少两种证明方法. 而且，超过一半的教师提到，除了课堂上介绍的证明方法，还有很多其他方法都是正确的. 证明的方法基本上可以分为两类：发现证明（P1）和解释证明（P2）. 第一种方法（P1）中有三个不同的变式维度. 第一个维度是直接研究一般情况和先研究特殊情况作为深入研究的基础. 第二个维度是默认图的特征和直观地、逻辑地证明图的特征. 第三个维度是介绍一种证明和多种证明. 但是，在第二种方法中只有后两个变式维度. 图 6-12 表示了这些关系，箭头旁边的数字表示属于相应类别的课的数量.

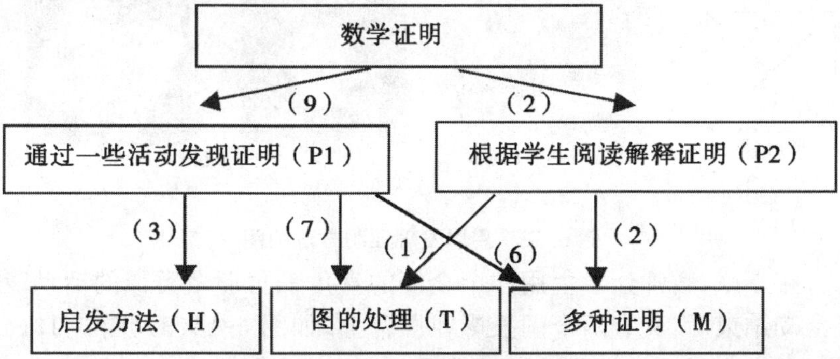

图 6-12　证明方法类别

以下将描述教师是如何实施这些证明的，并比较上海教师处理证明的相同点和不同点.

（二）通过各种活动发现数学证明（P1）

在所有 11 节课中，9 节课的教师都引导学生探究数学证明. 如图

6-12 所示，这一方法中有三个变式维度：第一个维度是在启发方法中，学生是先研究一个特殊的例子作为试验，还是研究一般情况. 第二个维度，对于在介绍证明的过程中起关键作用的图，一种是默认它的结构和方位，另一种是直观的、逻辑的证明. 第三个维度，是否介绍多种证明方法. 由于这三个维度相互联系，因此有些同时出现在一节课里. 下面将举例说明这三个变式维度.

1. 启发方法：从特殊到一般(H)

有三节课的老师精心组织了活动，让学生研究从特殊到一般的案例，从而逐步探究证明方法.

在 SH09 这节课上，学生根据小组活动对边的关系作出了猜想之后，教师让学生通过以下步骤证明猜想：检验一个特殊的例子，然后探究一般情况下的证明方法.

首先，教师将学生分成四人一组，让他们将全等的等腰直角三角形拼成一个正方形. 之后，学生将他们的图投影在屏幕上，如图 6-13 (1)和图 6-13(2)所示. 根据对两个图的面积计算的结果，学生发现了特殊的关系：$2a^2=c^2$，即 $a^2+b^2=c^2$，这里的 a 和 c 分别是等腰三角形的直角边和斜边.

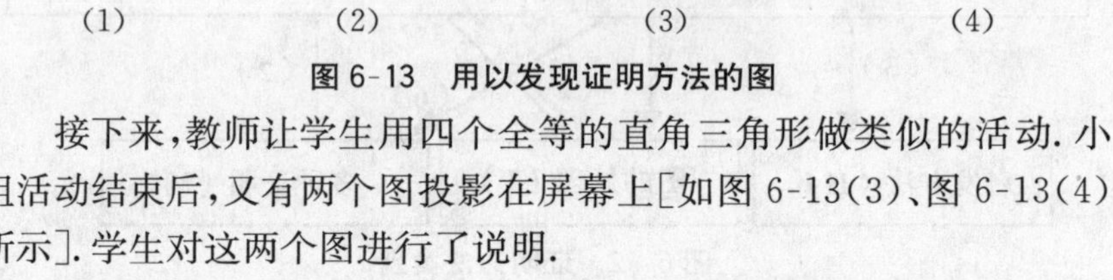

图 6-13　用以发现证明方法的图

接下来，教师让学生用四个全等的直角三角形做类似的活动. 小组活动结束后，又有两个图投影在屏幕上[如图 6-13(3)、图 6-13(4) 所示]. 学生对这两个图进行了说明.

根据学生拼成的这两个图，全班逐一讨论了两种不同的证明方法(见本章第一节证明 1 和证明 2). 介绍第一种证明方法的对话如下.

SHE

1. T：$a^2+a^2=c^2$. 那么在一般的直角三角形中有没有这样的关系

呢？我们继续拼图.请将它们换成四个一般的直角三角形.你们有几种拼法？试试看.

（学生四个人一组，拼出一个正方形.教师巡视时会给学生意见.完成的学生把正方形放在投影仪上.）

2. T：好，我们停下来看一下.陈婷婷这一组刚刚拼了这样一个正方形.陈婷婷请站起来回答：为什么你们拼的这个是正方形？

3. S：它们是四个全等的三角形，两组的直角边相等，它们的和也相等.

4. T：它们的和相等.

5. S：平方可以加起来.

6. T：平方可以加起来.

7. T：请坐.刚刚还有另一种拼出正方形的方法，我们看看.

8. T：（投影仪颜色太浅）把颜色加深一点.好，拼这个图的同学站起来回答.你拼了一个正方形.为什么（是正方形）？沈玲娟来说.

9. S：因为它们是全等三角形，它们的斜边相等.

10. T：斜边相等.

11. S：所以我拼的是正方形.

12. T：好，请坐.拼出这个正方形[图 6-13(4)]的同学举手.（学生举手.可以发现大多数学生都举手了）放下！有没有人跟沈玲娟拼的一样？哦，你们小组是这样拼的.手放下.通过拼图，我们可以得到什么？首先我们看一下陈婷婷刚才拼的正方形.如果短的直角边是 a，长的直角边是 b，斜边是 c，大正方形的面积是多少？（教师重复）好，张玲来说.

13. S：应该是 $(a+b)^2$.

14. T：正方形中 $(a+b)^2$ 表示什么？

15. S：$(b+a)^2$ 是 $(b+a)^2$.

16. T：$(b+a)^2$ 是 $(b+a)^2$.

17. T：有其他方法吗？好，周宇.

18. S：$4\times\frac{1}{2}ab+c^2$.

19. T：面积是多少？

20. S:是四个小三角形的面积加上 c^2.

21. T:这个面积是多少(指着中间的小图)?

22. S:是小正方形的面积.

23. T:是小正方形的面积.

24. T:你能得到什么关系?

25. S:$(a+b)^2=2ab+c^2$.

26. T:请按顺序展开.

27. S:$a^2+2ab+b^2=2ab+c^2$,$a^2+b^2=c^2$.

28. T:请坐.通过拼图,我们现在可以得到 a^2+b^2 等于什么?

29. Ss:c^2.

(SH09,实录,p.9)

在上面这一段实录中,教师注意鼓励学生将他们的图呈现在屏幕上,并给出理由(2,8).更让人印象深刻的是,教师让学生说出完整的计算过程(12,17,19,24,26).

变式空间:教师提供了两个变式维度让学生学习证明.一个是启发方法:研究从特殊到一般的案例.这种方法不但能够帮助学生很容易地发现定理,更重要的是,为学生体验一种重要的数学思维方式提供了机会.另一个变式维度是介绍多种证明.这里讨论了两种不同的证明方法.根据变异理论,通过介绍两种不同的证明方法,学生就有可能将分割面积方法这种策略从两种特殊证明方法中分离出来.

2. 图的直观特征的处理(T)

超过半数的教师组织了各种活动让学生直接探究证明方法.所有的教师都采用了分割面积的策略来介绍不同的证明.这个策略中,识别和证明图的特征是关键步骤,这是介绍证明的基础.在这个方面有一个变式维度:是直接认可图的结构和方位,还是直观地、逻辑地证明.

(1)认可图的直观特征

有三节课的教师直接认可了图的特征.以 SH04 这节课为例,学生根据一些活动猜想了定理后,教师展示了一个实物模型,这个模型是一个边长为 3、4、5 的直角三角形,它的三条边分别外接了一个正方形(见图 6-6).

然后，教师让学生用四个全等的直角三角形拼成边 c 上外接的正方形，并把他们不同的图展示在黑板上[见图 6-13(3)和图 6-13(4)].

之后，根据上面的图，讨论了两种证明方法. 以下片段显示了第一种证明的讨论过程.

SHF

1. T：好，停一下！不少同学做得很好. 他们都很有创造精神. 我们来看一下，这个方法满足条件吗？

2. S：不满足.

3. T：它有边长是 c 的正方形吗？

4. S：有.

5. T：哪个？

6. S：中间那个.

7. T：中间这个是边长为 c 的正方形.(指另一图)这里面还有其他正方形吗？

8. S：有.

9. T：哪一个？

10. S：中间那个.

11. T：中间这个是边长为 c 的正方形.(指另一图)这个图中还有其他正方形吗？

12. S：有.

13. T：哪一个？

14. S：外面那个.

15. T：外面这个？好，外面这个正方形的边长是多少？

16. S：$a+b$.

17. T：很好. 那么这个正方形的面积是边长的平方.(是)多少？

18. S：$a+b$ 的平方.

19. T：事实上，我们可以把这个大正方形看成这个正方形和——

20. S：这个正方形和四个三角形的和.

21. T：它由三角形组成. 因此，这个正方形(面积)是——

22. S：c 的平方.

23. T：这个三角形(面积)是——

24. S：$\frac{1}{2}ab$.

25. T：那么，$4\times\frac{1}{2}ab$ 是多少？

26. S：$2ab$.

27. T：好. 那么，根据张亚婷的方法，我们看一下(显示幻灯片)，我们能得到 $(a+b)^2=c^2+4\times\frac{1}{2}ab$ 吗？对吗？完全平方公式展开，我们可以得到 $a^2+2ab+b^2=c^2+2ab$. 化简一下，得到了 $a^2+b^2=c^2$. 我们是不是证明了结果？

28. S：是.

(SH04，实录，p. 6)

第一部分，学生通过回答一系列填空问题来确认图的组成部分(1～14). 之后的交流转向用两种不同的方法计算面积. 学生以回答简短问题的形式给出每个部分的面积(15～26). 接下来，教师在黑板上说明并给出化简表达式的过程，并强调推理的形式(27). 但是，在证明过程中，教师似乎默认了图的特征，比如中间或外面的图是正方形. 事实上，图的这些特征的证明是这个证明中的关键.

(2)逻辑地证明图的直观特征

SH01 这节课上，教师首先在黑板上贴了一个图，如图 6-14 所示，让学生用符号表达式来表示正方形的面积. 在表示正方形面积的过程中，如果学生直接认为中间的图是正方形，教师就会提问学生. 然后讨论转向证明为什么这个图是正方形，具体过程见下面的片段.

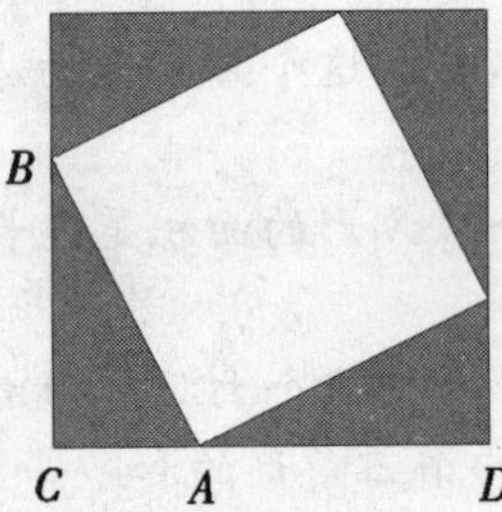

图 6-14

SHG

1. T：好，请坐. $(a+b)^2$ [写在黑板上]. 你还有其他表达式吗？这个正方形的面积等于边长的平方. 还有其他不同的表达式吗？有一个同学举手了.还有其他人吗?你看这个正方形的面积,等于边长的平方,就是$(a+b)$的平方.有不同的表达式吗?

2. S:它等于c的平方加上那个三角形ABC的面积.

3. T:几个?

4. S:四个.

5. T:好.他说它等于(c的平方加上)四个三角形的面积(之和).这是$4\times\frac{1}{2}\times ab+c^2$(写在黑板上).你有没有发现这个式子中的问题?四个三角形的面积不错,还有c的平方.但关键是中间这个图是什么图形?

6. S:正方形.

7. T:确定吗?

8. S:不确定.

9. T:谁可以证明这四条边的长度相等?关键是证明其中的一个三角形.这是什么?直角.那么那个是正方形.谁愿意来证明这是正方形?

10. S:(走到黑板前)因为三角形ABC是直角三角形,$\angle CBA+\angle CAB$等于$90°$.三角形ADE也是一个直角三角形,所以$\angle DAE+\angle AED=90°$.所以三角形$BAC$和三角形$AED$全等.所以$\angle BAC=\angle AED$,那么$\angle AED+\angle EAD=90°$,$\angle BAC+\angle EAD=90°$,$\angle BAC+\angle EAD+\angle BAE=180°$,所以$\angle BAE=90°$.

11. T:对吗?

12. Ss:(齐声)对.

13. T:很好.他的方法用到了两个三角形全等,对应角相等,而且直角三角形的两个锐角互为余角.那么这两个角是多少?

14. S:$90°$.

15. T:中间这个角呢?

16. S:$90°$.

17. T:有两种方法表示大正方形的面积.一种是$(a+b)^2$,另一种是四个直角三角形的面积加上中间正方形的面积.它们是什么关系?

18. S:相等.

19. T：在它们之间划一个等号. 通过化简，左边有 $2ab$，右边也有 $2ab$，它们互相怎样？

20. S：抵消.

21. T：抵消. 抵消之后我们就得到了 $a^2+b^2=c^2$. 这说明我们的猜想是正确的. 那么结果正确吗？

22. S：正确.

(SH01，实录，p. 3～4)

教师看起来很强调学生的表达和解释. 首先他问学生一个问题："你有不同的表达式吗？"(1)事实上这个问题是这个证明的关键步骤. 一个学生给出了这个正方形面积的另一种表达式时(2)，教师又用一个关键问题给他挑战："谁愿意来证明这是一个正方形？"(9)之后注意力都集中到了证明中间的图形是正方形(10～16). 接下来通过化简表达式证明了定理(17～21).

变式空间：教师想要建立的变式空间是，证明中间的图是正方形，这是证明定理的前提条件，即认可它的直观特征，或是直观、逻辑地证明.

教师还提供潜在的多种证明方法，指出有很多有效的证明方法，并提供了两个图让学生寻找新的证明方法.

(三)学生解释证明(P2)

有两节课的教师强调学生阅读并解释定理的证明. 这两节课都讨论了多种证明方法，关键区别在于在证明中如何使用图：是直接认可图的特征还是逻辑地证明特征. 以下是详细说明.

1. 直接认可图的特征及教师解释

在 SH07 这节课上，做出猜想后，教师让学生研究课本上的证明. 稍后，教师点名请一名学生解释课本上的证明. 下面的片段说明了讨论的过程.

SHH

1. T：好，我们一起看这个图[投影图 6-13(4)]. 课本中用了哪种方法来证明 $a^2+b^2=c^2$？

2. S：通过计算面积.

3. T：怎么计算面积？

4. S:计算四个全等的直角三角形.

5. T:也就是说通过加法和减法计算面积. 那么在证明过程中,用到了哪个代数表达式的变形?

6. S:代数式 $a^2+b^2=(a+b)^2-4\times\frac{1}{2}ab$.

7. T:很好! 请坐. 我们一起分析一下这个过程. 为了证明 $a^2+b^2=c^2$,由于这两个等式的右边相等,我们就考虑(这两个等式的)左边应该怎么样? 也就是我们应该证明什么?

8. S:相等! 就是 $c^2=(a+b)^2-4\times\frac{1}{2}ab$.

9. T:这个 c^2 表示图的哪个部分?

10. S:c^2 表示直角边.

11. T:这个 c^2 表示直角边?

12. S:面积.

13. T:哪个面积?

14. S:就是红色的面积.

15. T:$(a+b)^2$ 是什么?

16. S:它表示大正方形的面积.

17. T:大正方形 $ABCD$ 的面积. 那么 $\frac{1}{2}ab$ 是什么?

18. S:它表示直角三角形的面积.

19. T:它表示直角三角形的面积. 那么 $4\times\frac{1}{2}ab$ 呢?

20. S:四个直角三角形的面积.

21. T:换句话说,我们需要证明中间红色正方形的面积等于大正方形的面积减去四个直角三角形的面积. 图上是不是很明显?

22. S:是.

23. T:这样我们就证明了 $a^2+b^2=c^2$.

(SH07,实录,p. 2～3)

在上面的片段中,学生要解释这些关键点:一是使用了哪种方法(1);二是使用了哪种代数表达式(5);三是根据图 6-13(4)所表示的,c^2、$(a+b)^2$、$\frac{1}{2}ab$、$4\times\frac{1}{2}ab$ 分别是什么意思. 但是,这段讨论中忽视了图中间部分为什么是正方形,由于这从图中很容易看出,教师和学生似乎都直接认可了这个特征.

2. 证明图的特征以及学生解释并口头表述证明

在 SH08 这节课上,学生根据阅读指导提纲在课前预习了这节课的内容.课堂上学生基本上是演示、解释并提供不同的证明定理的方法.

首先,教师让一个学生根据图 6-13(4)解释勾股定理的一种证明过程.这种方法的过程可能太复杂了,这个学生在证明中途放弃了.之后教师让学生分组讨论并形成一个证明.这样,在教师的引导下,学生集中讨论了课本上的两种方法.

之后,教师鼓励学生考虑更多的证明方法.一个学生根据图 6-15 呈现了另一种证明方法(可以参看本章第一节中的三种证明方法).

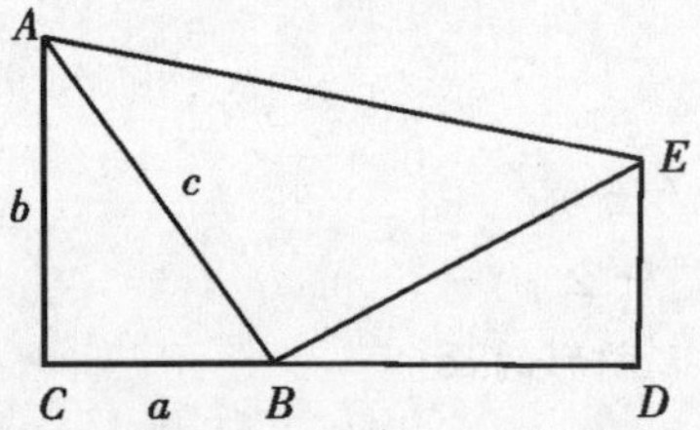

图 6-15

以下片段说明了学生如何呈现第三种证明方法.

SHI

1. T:……好,这是一种方法.你们还有其他不同的方法吗?哦,这么多!我怕我们没有那么多时间了.什么方法?哦,全等三角形.这个先不说了.还有其他吗?(一个学生举起了手)薛银杰,到前面来示范给我们看.先给我们看看图.

2. S:(指着图 6-15)这个三角形 ABC 是一个直角三角形.AC 是 b,AB 是 c,BC 是 a.从边 AB 上画一个等腰直角三角形 ABE,AB 是这个等腰三角形的直角边.这样我们就得到了这个图.之后,我先证明它是一个直角三角形.那么我用面积.三个小三角形的面积之和等于梯形的面积……

3. T:对不起,我要打断一下.梯形从哪来的?

4. S:这是一个直角,那也是一个直角.上底平行于下底……

5. T:这样它就是梯形了? 不一定.为什么? 对边平行? 你没有说这是一个四边形.对边平行的四边形是梯形.你什么时候说这个是四边形了? 再想一下.帮帮他.为什么这个是四边形? 为什么? 哦,你们很多人都知道了.来,朱云.

6. S:因为 D、B、C 在同一条直线上.

7. T:为什么 D、B、C 在同一条直线上?

8. S:因为 $\angle ABC+\angle DBE=90°$.

9. T:因为这两个角的和是 90°.中间是等腰的.所以这个角也是 90°.这三个角的和是 180°.所以这三个点(D、B、C)在同一条直线上.对吗? 这个方法跟我们刚才讨论过的一样,对吗? 薛银杰,请你继续.

10. S:那么这三个三角形的面积之和等于梯形的面积.(学生在黑板上示范)

11. T:你写的越来越小了.我们看一下.薛银杰继续.

12. S:梯形 $ACDE$ 的面积等于三角形 CBA 的面积加三角形 EBA 的面积再加三角形 BDE 的面积.梯形的面积也等于上底加下底再乘以高除以 2.这是三个小三角形的面积之和.

13. T:好,请坐.薛银杰也用了"分割面积方法",一个直角梯形分成了三个三角形.你是自己想到的还是从书上学来的?

14. S:我从一本书上学的.

(SH08,实录,p. 6~8)

根据上面的片段,学生能够给出图(2),通过分割面积方法证明定理(10~12),也能够清楚地解释为什么这个图是梯形(3~9),这是证明的关键.而且,教师强调了分割面积这个特殊的方法.

变式空间:这个阶段,教师试图为学生学习证明建立如下变式空间.首先,根据学生的解释讨论多种证明方法.同时,学生洞察到在这些证明方法背后的分割面积这一特殊策略.其次,证明了图的明显特征,这是证明的关键.

(四)变式空间

这个阶段有三种变式维度,即多种证明方法、启发式证明及图的处理.这些变式维度的分布如表 6-2 所示.

表 6-2　定理证明中变式维度的分布

变式维度	频数
多种证明方法	8
图的不同处理	8
启发式证明	3

根据上表，共有 8 位教师介绍了多种证明方法. 在这些课上，学生能够分辨出介绍这些证明方法的特殊策略，也就是分割面积方法. 8 位教师注意了证明图的直观特征，这是引入相关证明的关键. 另外，有 3 位教师采用了启发式方法证明定理，这个方法是数学思维的典型方法.

三、勾股定理的描述

课堂上对勾股定理的描述可能反映定理教学的目标，而且这也是定理教学的重要方面. 这一部分将讨论课堂中显示出的各个方面及其含义.

(一)描述的分类

在介绍了勾股定理的证明之后，教师通常关注定理的两个方面：

1. 定理的文化传承

介绍勾股定理的历史；古代中国数学家对这一定理的贡献，比如“勾 3，股 4，弦 5”；课本中使用的中国数学家赵爽通过特殊的图形证明定理，这比西方的证明早.

2. 定理的表示

将定理看成：

(1)文字表示的数学命题. 用文字表示定理：在直角三角形中，两条直角边的平方和等于斜边的平方. 因此，定理被看成是数学命题.

(2)数学公式. 在 Rt△ABC 中，$\angle C=90°$，a、b、c 分别是$\angle A$、$\angle B$、$\angle C$ 的对边，那么 $a^2+b^2=c^2$.

(3)数学公式的变式. 在 Rt△ABC 中，$\angle C=90°$，a、b、c 分别是$\angle A$、$\angle B$、$\angle C$ 的对边，那么：

a. $BC^2+AC^2=AB^2$ 或 $BC^2=AB^2-AC^2$ 或 $AC^2=AB^2-BC^2$.

b. $a^2=c^2-b^2$ 或 $b^2=c^2-a^2$.

c. $a=\sqrt{c^2-b^2}$或$b=\sqrt{c^2-a^2}$.

d. 如果$\angle B=90°$,那么$a^2+c^2=b^2$,等等.

(4)几何表示. 将定理看成面积关系,即在直角三角形中,斜边上的正方形的面积等于两条直角边上的正方形面积之和.

(二)描述的分布

在课堂上究竟关注哪个方面,这些课之间还有微小的差异,具体见表 6-3.

表 6-3　上海课堂对勾股定理的描述

课	关注的方面				
	文化传承	文字表述	数学公式	公式变形	面积关系
SH01	√	√	√	√	×
SH02	√	√	√	√	×
SH03	√	√	√	√	×
SH04	√	√	√	√	×
SH05	√	√	√	√	×
SH06	√	√	√	√	×
SH07	√	√	√	√	×
SH08	√	√	√	√	√
SH09	√	√	√	√	×
SH10	√	√	√	√	×
SH11	√	√	√	√	√

(三)变式空间

似乎所有的教师都非常明白从这些方面理解定理的重要性:文字表示的数学命题;数学公式和公式的变式. 另外,除了一位教师,其他教师都通过介绍西方和中国关于定理的历史来充实定理. 但是,他们忽视了定理可以看成一个直角三角形的三边上的正方形之间的面积关系.

四、练习

这一部分分析上海课堂上的课堂练习问题以及这些问题的解决.

(一)问题的分类

与第五章第二节中问题的分类相似,上海课堂中只有两种问题,见表 6-4.

表 6-4　上海课堂中与勾股定理相关的问题分类

问题的分类	勾股定理应用中的范例
解释水平问题	在日常生活背景和数学背景中,直接给定直角三角形的两条边,计算第三条边的长度; 直接给定三条边,判断一个三角形是否是直角三角形
探究水平问题	在日常生活背景和数学背景中,间接给出直角三角形的两条边,计算第三条边的长度; 在日常生活背景和数学背景中,通过构造直角三角形来应用定理; 不良结构的问题

(二)识别课堂中使用的问题

对两类问题的识别描述如下.

1. 解释水平

所有教师都处理了一些直接给定直角三角形的两条边,计算第三条边的问题.

例 1　在 $\mathrm{Rt}\triangle ABC$ 中,$\angle B=90^\circ$,$AB=15$,$AC=17$,求 BC. (SH01)(SH10)

例 2　在三角形 ABC 中,如果$\angle B=90^\circ$,

(1)$a=6$,$b=10$,求 c. (SH02)(SH03)(SH11)

(2)$a=24$,$c=7$,求 b. (SH02)(SH11)

例 3　(学生提出的)

(1)在三角形 ABC 中,如果$\angle A=90^\circ$,$a=10$,$b=8$,求 c. (SH02)

(2)在三角形 ABC 中,如果$\angle C=90^\circ$,$a=7$,$c=25$,那么 $b=$? (SH08)

例 4　在下面的直角三角形中,给定了两条边的长度,求第三条边的长度,并把答案写在相应的括号中. (SH09)

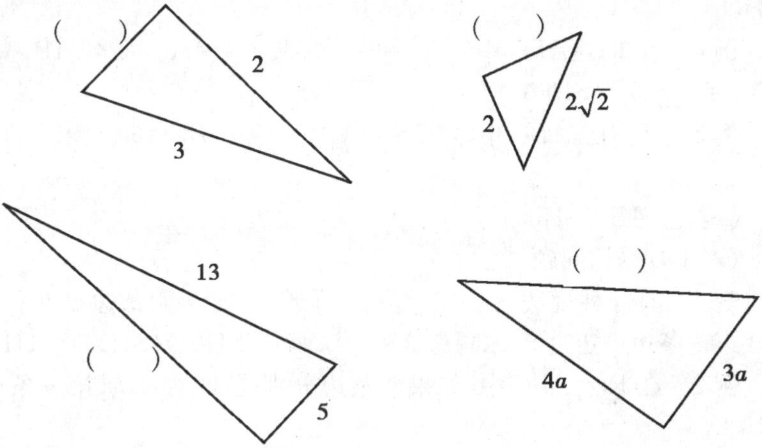

2. 探究水平

这一水平有三种问题. 第一种是间接给出一个直角三角形的两条边,计算第三条边. 第二种是间接使用勾股定理解三角形. 第三种称为“不良结构问题”,应用定理的条件不充分.

(1)间接给出直角三角形的两条边,计算第三条边

例 1　在 Rt$\triangle ABC$ 中,$\angle C=90°$,$\angle A=30°$,且 $AB=10$,求 AC. (SH01)(SH10)

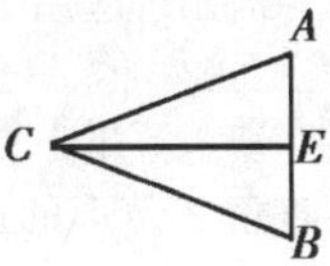

例 2　如右图,在三角形 ABC 中,$AC=BC=13$, CE 平分$\angle ACB$,$CE=12$,那么 $AB=$______.

例 3　在 Rt$\triangle ABC$ 中,$\angle C=90°$.

①如果 $c=10$,$a:b=4:3$,那么 $a=$______, $b=$______.

②如果$\angle B=30°$,$b=6$,那么 $c=$______,$a=$______. (SH06)

(2)通过间接使用勾股定理求三角形的元素

例 1　(课本中的,作为一个例子)在一个等腰三角形 ABC 中,$AB=AC=13\text{cm}$,$BC=10\text{cm}$,求 $S_{\triangle ABC}$. (SH02)(SH03)(SH05)(SH06)(SH07)(SH08)(SH09)(SH11)

例 2　在一个直角三角形中,如果两条直角边是 5 和 12,求斜边的长度. (SH02)

例 3　如果一个等边三角形的边长是 a,求这个三角形的高.

(SH05)

例 4 在 Rt$\triangle ABC$ 中，$\angle C=90°$. 如果$\angle A=30°$，那么 $AB:BC:AC=$______. (SH05)

例 5 在 Rt$\triangle ABC$ 中，$\angle C=90°$，$AC=8\text{cm}$，$BC=6\text{cm}$. 求：

①$S_{\triangle ABC}$；

②斜边 AB. (SH06)

(3)不良结构问题

例 1 有一种说法，在一个直角三角形中，如果两条边是 3 和 4，那么第三条边一定是 5. 你同意这种说法吗？(SH01)(SH04)(SH10)

例 2 在 Rt$\triangle ABC$ 中，如果两条边分别是 41 和 9，求第三条边. (SH02)

例 3 如图所示是一个三角形，如果 $a=3$，$b=4$，求 c. (SH04)

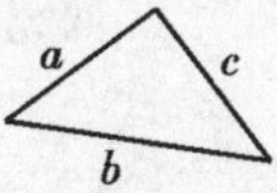

(三)上海课堂中的问题分布

根据前面讨论的问题分类和对问题的识别，上海课堂中使用的问题可以总结如表 6-5 所示.

表 6-5 上海课堂中的问题分布

勾股定理应用中的范例	总计(%)	每节课中问题的频数										
		1	2	3	4	5	6	7	8	9	10	11
在数学背景中直接给定直角三角形的两条边，计算第三条边	40 (44)	2	4	1	11	3	3	3	2	6	2	3
在数学背景中间接给出直角三角形的两条边，计算第三条边	13 (14.3)	2				2	2	6			1	
在数学背景中通过构造直角三角形来应用定理	33 (36.3)		4	1	2	7	5	5	1	2		6
数学背景中的不良结构问题	5 (5.5)	1	1		2						1	
合计	91	5	9	2	15	12	10	14	3	8	4	9

正如表 6-5 所示,可以发现:

•在这些课中,最少的问题数是 2,最多的问题数是 15,平均问题数大约是 8.

•所有的教师都强调定理的基本应用,也就是直接给定直角三角形的两条边,计算第三条边. 同时,超过一半的问题是用来加深、拓宽学生应用定理的技能,主要通过隐藏一些条件、给一个更复杂的数学背景,或者给出不良结构的问题来实现.

课堂中不同类型问题的分布可以由图 6-16 来说明.

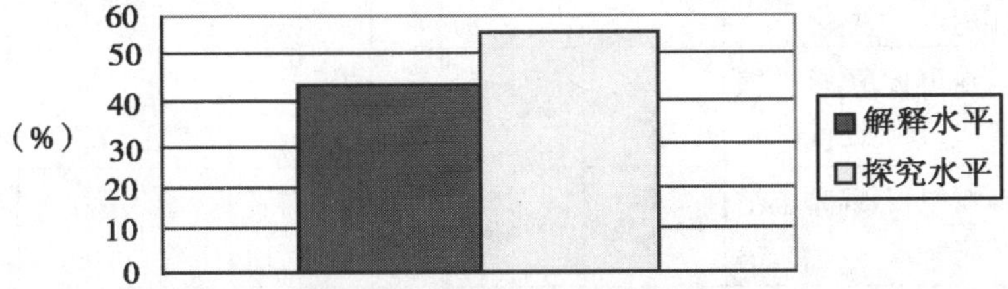

图 6-16　不同水平的问题分布

图 6-16 显示,接近一半的问题(44%)关注"解释"水平,这些问题直接给定一个直角三角形的两条边,求第三条边. 其他问题关注"探究"水平,这些问题需要在不同的数学问题中间接应用勾股定理.

变式空间:这个阶段建立了几个变式维度. 首先,通过改变给定边的度量或者给定图形的方向,希望学生能够考虑直角三角形边的长度以及图的方向,利用勾股定理求出第三条边. 其次,通过改变间接条件,并提供更加复杂的数学背景,要求学生先辨析应用定理的条件,比如直角三角形,并讨论给出的条件,然后应用定理. 这样做可以提高学生解决问题的能力.

(四)进行练习采用的策略

讲解例题和做练习的主要策略如表 6-6 所示.

表 6-6　上海课堂中出现的问题解决策略

策略类型	上海课堂中出现的策略情况										
	1	2	3	4	5	6	7	8	9	10	11
核对学生的答案											
教师演示、说明步骤，结合偶尔的提问											√
学生口头叙述过程，教师写在黑板上或者给予评论		√		√	√	√			√		√
学生在黑板/屏幕上演示解法，教师进行评论	√		√				√	√		√	
教师在黑板/屏幕上演示解法模式				√	√		√				
一些学生提出问题，而其他学生立刻解决这些问题		√						√			

表 6-6 大体描绘了上海课堂中教师是如何实施练习的. 问题解决的主要策略是教师写下学生的想法，或者学生自己在黑板上演示他们的想法，然后教师进行评论. 另外，略少于一半的教师示范了解决问题的正规格式，或者是将学生优秀的课堂练习投影在屏幕上. 印象深刻的是有两节课的老师让学生提问题，班上的其他同学解决这些问题.

(五)问题的结构

如果考察教师提出的这些问题，就会发现教师试图在难度和覆盖面之间取得平衡. 通常开始的问题都是基础水平的，比如给定直角三角形的两条边，求第三条边. 然后，图的方向或者边的长度发生变化，从而问题的条件发生了变化. 之后问题的难度扩大到数学背景的变化，只能间接使用定理. 我们以一节课(SH04)中的问题为例(见表 6-7).

表 6-7　SH04 课上使用的问题结构

<table>
<tr><th>问　　题</th><th>研究者说明</th></tr>
<tr><td>练习 1：
(1)在下面左图所示的 Rt△ABC 中，$a=3$，$b=4$，求 c.
(2)在下面右图所示的 Rt△ABC 中，$a=3$，$b=4$，求 c.
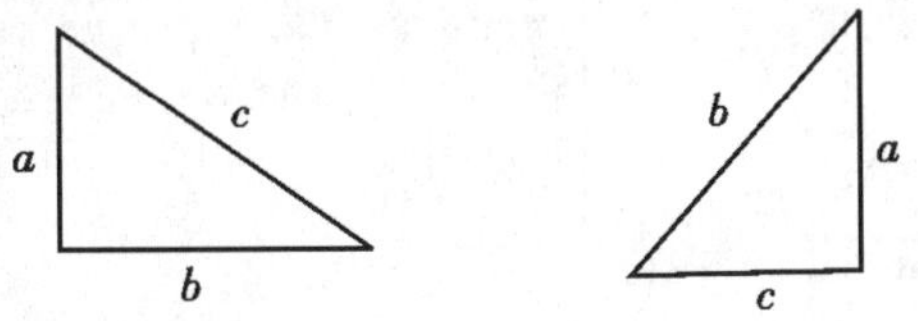
</td><td>虽然问题的表述相同，但是通过变化图形，在确定斜边以及使用公式时需要特别注意.</td></tr>
<tr><td>(3)在一个直角三角形中，如果两条边是 3 和 4，求第三条边的长度.</td><td>省略了图，表面上相同的条件导致完全不同的结果，需要学生讨论哪个角是直角，然后把它转换成问题(2).</td></tr>
<tr><td>(4)在如图所示的三角形中，如果 $a=3$，$b=4$，求 c.
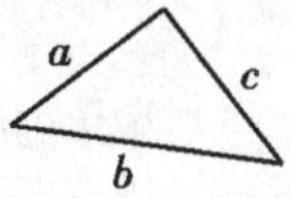
</td><td>通过进一步省略条件，新问题变成了一个开放性问题.事实上通过勾股定理无法解决这个问题，学生需要使用一般三角形的基本性质.</td></tr>
<tr><td>练习 2：求出下列直角三角形中未知的边的长.
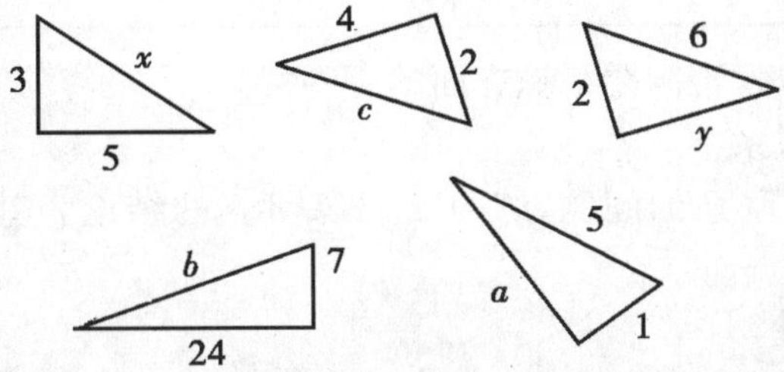
</td><td>通过不同方向的图，进一步巩固定理的应用.</td></tr>
</table>

续表

问　　题	研究者说明
练习 3:求出下列直角三角形中未知的边的长. 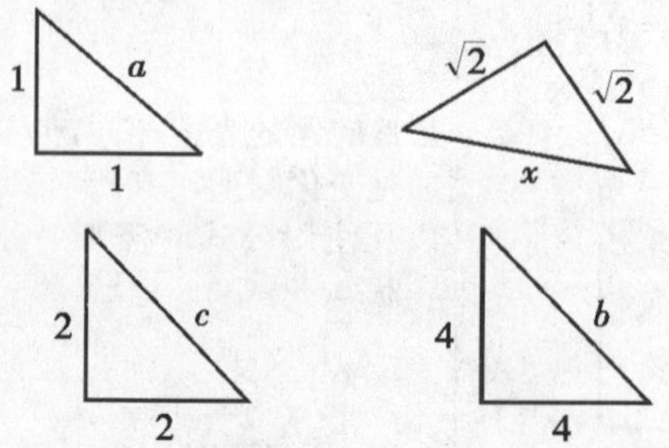	在特殊的直角三角形——等腰直角三角形中应用定理.目的是为了得到等腰直角三角形三条边的比例.这可以在后面的探究性问题中使用.
练习 4:探究性问题 如果一个等腰直角三角形的直角边是 1,以这个等腰直角三角形的斜边为直角边构造第二个等腰直角三角形,然后以第二个等腰直角三角形的斜边为直角边构造第三个等腰直角三角形,以此类推.问题: (1)是否存在一个 Rt$\triangle ABC$,它的斜边和第一个等腰直角三角形的直角边在同一条直线上?为什么? (2)如果两条边在同一条直线上而方向相反,那么这两条边之间有什么关系?为什么? (3)如果图形旋转一次,前面的结论还正确吗?为什么?转 2 圈、3 圈……n 圈,结果怎样?	通过使用等腰直角三角形的性质以及前面问题的结论,学生需要探究一个有趣的高水平问题,从而提高问题解决的能力.

如上表所示,我们可以发现问题组织方面的一些特征.

(1)问题之间的内在联系

练习 1 包括一组相互联系的问题,练习 4 以练习 3 的结论为基础.

(2)隐含条件

练习 1(3)没有明确给出直角,需要辨别并讨论条件.

(3)基本技能和问题解决技能之间的平衡

教师提供了“解释”水平的问题,例如练习 1(1)、(2),练习 2 和练习 3,这些能够巩固基础知识和基本技能,此外还提供了一些“探究”水平的问题,如练习 1(3)、(4)和练习 4,这些可以发展学生问题解决的能力.

第三节　上海课堂处理勾股定理的方法

根据前面的讨论,这一部分将讨论上海课堂处理勾股定理的方法特征.

1. 课堂的结构——统一

上海的课堂包括这些阶段:探究定理,证明定理,应用定理.

2. 介绍定理的方法——探究

除了三节课的教师让学生课前进行了预习,其他八节课都是通过各种活动探究定理. 探究定理的主要方法是根据对勾股数的研究作出猜想.

3. 定理的证明——多种方法

所有教师都知道证明活动中猜想的必要性,并介绍了至少一种证明方法. 超过三分之二的教师介绍了多种方法. 另外,七位教师关注了图的直观特征的证明,这是介绍证明的关键.

4. 定理的描述——全方位

所有教师都与学生讨论了勾股定理的不同方面,比如文化传承、数学公式、文字表达的数学命题,以及公式的变式,但大多教师忽略了定理的几何表征.

5. 练习——隐含变式的练习

所有教师布置的练习都覆盖了基础知识和探究问题,这些练习按照难度进行系统组织. 教师努力在巩固基本技能和发展问题解决能力之间寻求平衡. 问题系列按照相互联系进行安排,同时隐含着数学背景的变化.

第四节　学生参与

上海的课堂中有三种学生参与模式:一是聚焦模式;二是漏斗模式和以学生为中心;三是漏斗模式和以教师为中心(这三个概念的详细描述见第四章第五节和第五章第五节). 以下将讨论这三种类型的

学生参与.

1. 聚焦模式

根据课堂中聚焦模式的描述,教师的角色是吸引学生注意问题的重要方面,并帮助学生说明他们的观察、理解和观点.教师似乎是学生学习过程中的仲裁和协调者.我们发现有四位教师试图采用这种互动模式.

SH01 这节课是一个好的例子.片段 SHG(详见本章第二节)中说明了在这个特殊背景中聚焦模式的互动是什么意思.

在这一片段中,由于学生已经发现了边长为 $a+b$ 的正方形的面积是 $(a+b)^2$,教师就让他们给出计算面积的其他方法:"你们还有其他不同的表示方法吗?"(1)一个学生说明了一种方法之后(2),教师让学生阐述答案(3,4).但是,当教师用数学公式在黑板上写下学生的答案时,提出了一个重要的问题:"中间这个是什么图形?"这个问题是证明的关键.然后教师让一个学生在黑板前面给出问题的理由(16~22),之后清楚提出了另一个面积的数学表达式(23).经过师生互动,通过化简表达式完成了证明(24~28).根据上述分析,这个互动可以看成聚焦模式.

相似地,片段 SHH 也可以看成是聚焦模式.

2. 漏斗模式和以学生为中心的教学

根据对漏斗模式的描述,学生在教师一系列的填空问题的引导下,获得某些解法或答案.但是,漏斗模式的课并不一定使用以教师为中心的教学策略,也可以使用以学生为中心的教学策略.

正如片段 SHC 所呈现的,一些填空题引导学生解释为什么中间的图形是正方形,然后学生逐个回答一些引导性的问题,最后讨论理由.这个片段中的互动是典型的漏斗模式互动.另外,教师对启发学生获得答案和理解的特别关注也是以学生为中心的教学策略的一个特征.

上述所有的片段,除了两个是聚焦模式,其他都是漏斗模式而且是以学生为中心的.

3. 漏斗模式和以教师为中心的教学

我们发现,有两节课的教师好像采用了以教师为中心的教学策略. 以下片段表明了在漏斗模式的课堂互动中以教师为中心的教学策略的含义. 在 SH11 这节课上, 在黑板上呈现一个图之后, 教师开始介绍证明.

SHJ

1. T: 好, 你们大家都放得很好. 我们把四个小的直角三角形的直角放在它的内角上. 现在我们这样放. [画一个图, 如图 6-13(4)所示] 好, 这条边是……

2. S: 3.

3. T: 这条边是 b, 3cm. 这个是 a, 这个是 b, 这个是 a、c、b、a、c、c、b、a(把各边一一标上字母). 好, 看这个. 我们把这些一、二、三、四个直角三角形这样放, 我们知道中间有一个四边形. 它的边长是 c. 它是一个正方形吗? 我们没有学过如何确定一个四边形是否是正方形. 那么看一下四个小的直角三角形. 它的面积是 $4\times\frac{1}{2}\times ab$ 吗?

4. S: 是.

5. T: 中间这条边长是 c. 怎么计算面积?

6. S: c^2.

7. T: 怎么证明它是正方形?

8. S: 直角.

9. T: 我们需要证明的是直角. 怎么证明? 我们用前面讨论过的全等三角形. 这两个三角形一定是全等的, 对吗? 这样我们可以证明这个角等于这个角. 它与这个角互补. 这两个角也是互补的. 同样的, 我们可以证明这个角是 90°. 所以我们可以这样做, 连接这条对角线, 不一定要用正方形来证明, 我们只证明这是一个直角, 因此这也是一个直角. 中间的四边形可以分成两个直角三角形, 它的面积是$\frac{1}{2}\times c^2$. 上面这个呢?

10. S: $\frac{1}{2}\times c^2$.

11. T: 这样我们得到 $a+b$. 大正方形的面积等于 $c^2+4\times\frac{1}{2}\times ab$. 因此, 我们可以证明 $a^2+b^2=c^2$. 对吗?

12. S：对.

在上面的互动过程中，虽然教师让学生回答一些问题(1,5,7)，但基本上是教师自己说明了所有的要点(公式，解释，化简). 这样，学生很少有机会说明他们自己的理解和观点. 因此，这个课堂互动可以看成是以教师为中心的漏斗模式.

4. 学生参与的小结

粗略地看，上述三种类型的学生参与非常相似. 教师采用的基本策略是提问一系列的问题，目的是为了呈现学生的思维和理解. 但是，教师之间还是有一些关键的微小差异：

· 聚焦模式的课堂中，教师倾向于提问一些开放性的问题，关注将学生的注意力吸引到问题的主要方面，并呈现学生的理解和解释. 但是教师并没有将学生引向具体的答案.

· 漏斗模式的课堂中，教师倾向于提问一系列的问题(开放性的或封闭的)，引导学生获得某些教师预设的答案. 如果教师让学生表达他们的理解和观点，那么教学可以看成是以学生为中心的；如果教师自己给出了大部分的解释甚至是答案，那么教学就是以教师为中心的.

课堂互动的模式和教学策略总结在表 6-8 中. 根据这个表，漏斗模式占据主导. 11 节课中的 4 节课采用了聚焦模式.

表 6-8　上海课堂的学生参与

学生参与	频数
聚焦模式(以学生为中心)	4
漏斗模式和以学生为中心	7
漏斗模式和以教师为中心①	0

在上海，略多于三分之一的教师采用了聚焦模式的课堂互动，教师更多地关注于将学生的注意力引向学习的重要方面，并协调学生的

---

① 一节课分成引入、证明和练习三个部分. 如果超过两个部分的教学策略是以学生为中心的，那么这节课的教学策略就看成以学生为中心的. 否则，这节课的教学策略就是以教师为中心的.

知识建构.

超过三分之二的教师(11 位中的 7 位)更愿意通过一些引导性的问题让学生融入学习过程. 但是,他们仍然关注鼓励学生清晰表达他们的观点和解法. 换句话说,虽然教师牢牢控制了课堂互动,但是他们仍然关注学生的主动学习.

第五节 小结

根据对这些课的变式空间的详细分析,可以得到下面这些结果:

•教师优先选择让学生通过研究一些特殊的三元数组直接研究边的关系,从而发现定理.

•所有教师至少介绍了教材上的一种证明. 超过三分之二的教师介绍了多种证明方法. 同时,超过三分之二的教师关注到了图的证明,这是介绍证明的关键.

•所有教师都强调隐含变式的练习,目的是在数学背景中巩固新的知识,并发展问题解决的能力.

•关于学生参与,我们发现超过三分之一的教师强调采用聚焦模式的课堂互动来建构学习另外,在其他课上,虽然教师引导学生获得预设的答案,但是他们仍然非常注重通过一些引导性的问题,帮助学生参与学习过程.

下一章将通过比较处理这一主题的方式,着重讨论两个城市之间的异同,并尝试确定每个城市教勾股定理的教学模式. 同时将根据“学习价值”(详见第三章第二节)这一概念,讨论学生学习特征的意义.

第七章 两个城市方法的比较

前面章节描述了香港和上海是如何教勾股定理的. 其中讨论了每个城市教师之间的异同，也确定了每个城市处理这一主题的方法特征. 本章关注香港和上海的教学方法之间的异同，包括以下部分：焦点和课堂结构的比较；课堂中变式维度的比较；变式类型的比较；学习价值的比较和结果的总结.

第一节　课堂的焦点和结构

根据第五章和第六章的分析，两个城市的课堂包括以下焦点和相关阶段：引入、证明和练习. 每个阶段的事件如表 7-1 所示.

表 7-1　两个城市课堂的焦点和结构

阶段	描述	
	香港	上海
引入	直接陈述勾股定理 通过活动探究定理 用不同的方法描述定理	学生在课前自己预习内容 通过研究和猜想探究定理 用不同的方法描述定理
证明	逻辑地证明定理 直观地验证定理	逻辑地证明定理
练习	讲解例题 做练习	讲解例题 做练习

可以看出,两个城市的课有着非常相似的结构:引入(陈述/探究);证明(证明/验证);练习.在这个相似的课堂结构中,两个城市有这样一些不同之处:

• 上海通过探究活动或学生课前自学引入勾股定理,而香港通过探究和陈述引入定理.

• 在上海,引入和证明阶段分得很清楚,所有的上海课都介绍了数学证明.香港这两个阶段是混在一起的.在香港,虽然只有三节课介绍了数学证明,但是其他六节课通过探究活动和验证活动验证了定理.因此,总体上说,香港的课通过直观活动验证了定理.

• 在香港,一旦学生发现了定理,教师就从不同的方面描述定理,而上海的教师在证明定理之后才描述定理.香港的八节课中有六节课为验证提供了发现性的活动.因此,在发现和证明了定理之后,两个城市基本上有相同的活动,教师从某些方面解释定理,比如几何表征、历史、文字命题、数学公式及其变式.

下面将深入讨论相同点和差异.

第二节　变式维度的类型

一、引入

1. 发现的方法

探究定理主要有两种方法:直接发现边的关系(D1)和通过面积关

系发现边的关系(D2). 每一种方法都建立了一些变式维度，见表 7-2.

表 7-2　探究勾股定理的方法

定理探究的种类		频数	
		香港(8)	上海(11)
方法 D1	通过计算三元数组，猜想边的关系	2	6
方法 D2	通过操作图形研究面积关系，从而推导边的关系	4	1
	通过研究面积关系同时发现和证明定理	1	1

从变式视角来看，对变式维度的特殊兴趣在于探究方法. 香港和上海之间的显著差异在于香港的教师更愿意用方法 D2(63%)，而上海的教师更愿意用方法 D1(55%). 两个城市之间的这一差异如何影响学生的学习？下面将讨论这个问题.

2. 几何表征和数字运算

正如前面所提到的，显著的差异在于香港 50%的课倾向于通过一些实际活动发现面积关系，从而探究直角三角形中边的关系，而上海超过一半的课倾向于通过计算勾股数来猜想直角三角形中边的关系. 因此，似乎可以认为，前者是香港探究定理的典型方法，而后者是上海探究定理的典型方法.

3. 变式空间

香港的典型方法中，学生能够通过不同的操作(不同的小组有不同的拼图方法)辨析并找出面积关系：直角三角形中，两条直角边上的正方形面积之和等于斜边上的正方形面积. 通过建立不同的变式空间，也就是不同的拼图方法，学生有可能发现面积关系. 然后通过适当的转换，将面积关系转化为边的关系，学生就有可能发现边的关系，也就是勾股定理. 本质上学生的不同体验就是面积关系的变式，这实际上是定理的几何表征.

相反，上海学生的不同体验是边的关系的变式，这是通过研究不同的勾股数发现的. 因此，数字特征是这个方法的焦点.

香港教师尝试从几何方面探究定理，而上海教师试图从数字方面探究定理. 因此，这可以导致不同的变式空间. 对香港学生来说，定理不仅是数学公式，而且是直观的几何表征. 对上海学生来说，定理可能没有与几何表征联系起来.

二、证明

1. 证明的方法

回顾前面的讨论，证明阶段的方法和变式维度可以总结如表 7-3 所示.

表 7-3　证明方法的分布

证明方法	频数	
	香港(8)	上海(11)
直观验证	6	0
数学证明	3	11

表 7-4　变式维度的分布

变式维度	频数	
	香港(8)	上海(1)
做游戏	5	0
多种证明	1	8
图的证明	1	8

证明阶段两个城市最突出的差异在于：上海的教师对数学证明的介绍给予了相当多的关注. 相反，香港的教师对于证明有着不同的态度. 8 位教师中的 6 位倾向于通过发现定理的探究活动或者是在发现定理之后检验定理的活动来验证定理(见表 7-3). 一些教师甚至省略了证明. 另外，上海的教师似乎很注重发展演绎推理，比如多种证明方法，也注重图的证明，虽然这是很直观的，但对介绍证明很关键(见表 7-4).

2. 验证和数学证明

根据表 7-3，香港典型的证明方法是直观验证(8 位教师中的 6 位这么做)，而上海典型的证明方法是数学证明(所有教师都这么做)，尤其是多种证明方法(11 位教师中的 8 位这么做).

3. 同样的证明是否是一回事?

一定程度上,香港教师也关注到了数学证明的介绍(8 节课中的 3 节课). 为了理解香港和上海的数学课堂中介绍证明时究竟发生了什么,这里将详细讨论两个城市的教师介绍同一个证明的情况. 在这个证明中,学生要通过分割面积方法找出正方形的面积,化简表达式,最后推导出勾股定理. 我们发现,只有两位香港教师(HK4 和 HK7)介绍了这个证明(详见第五章第二节),而上海 11 位教师中有 10 位介绍了这个相同的证明(见第六章第二节). 下面详细讨论每个城市介绍这个证明的一节课(HK4 和 SH02).

HK4 这节课的教师通过半结构化的工作纸介绍了这个证明(见第五章第二节中单一证明部分),上海教师的方法在第六章第一节中已讨论过(见其中的证明 1).

从数学的观点看,这个证明的两种方法本质上是相同的. 但是,对证明的不同介绍可能带来学生学习方面的差异. 下面将说明这一点. 首先,下面的片段将呈现介绍计算正方形面积的一种方法时的课堂互动.

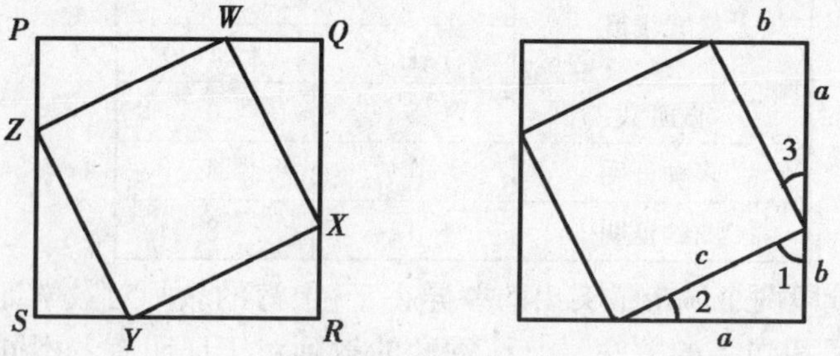

(1)　　　　(2)

图 7-1

表 7-5　香港和上海教师介绍同一个证明的片段

HK4	SH02
已经讨论了第一种方法,就是直接计算 *PQRS* 的面积,学生已经发现正方形 *PQRS* 包括四个全等的直角三角形[见图 7-1(1)],之后讨论转向下面的部分.	学生用四个准备好的全等直角三角形拼出一个图之后,教师在小黑板上展示了图 7-1(2),之后让学生用不同的方法计算图形的面积,如下所示.

续表

HK4	SH02
1. T:全等,对. 所以你可以说,$PQRS$,现在这次,连接了四条边之后,你要把它分成四个全等的直角三角形. 2. T:这样 $PQRS$ 分成了四个全等的直角三角形和另一个图 $WXYZ$,那个是 c……? 3. Ss:平方. 4. T:平方. 现在,这是第二种方法. 计算这个正方形(边长是 a 加 b)面积的第二种方法,现在,如何找到它的面积? 5. T:有四个全等三角形. 直角三角形的底边是 a,高是……? 6. Ss:b. 7. T:b. 每个三角形的面积是 $\frac{ab}{2}$. 然后乘以 4. 加什么? 8. Ss:c 的平方. 9. T:c 平方,对. 里面的小正方形. 这样可以发现,有 $2ab$ 加上 c 平方. 最后一步怎么办? 通过考虑寻找同一个正方形面积的两种不同方法,你发现了什么? 10. T:方法一,你找到了 a 平方加上 $2ab$ 加上 b 平方. 第二种方法怎样? 方法二发现 $2ab$ 加上 c 平方. 这样能发现什么? 11. T:哦,两边都有 $2ab$,可以抵消,最后得到 a 平方加上 b 平方等于 c 平方,是吗?	1. T:这是他拼的图. 他剪了外面的一个大正方形和里面的小正方形,然后把大的放在小的上面,并保证小正方形的顶点在大正方形的四条边上. 你能证明一下吗?(点一个学生的名) 2. S:对不起,我不会. 3. T:你拼了这个图,但是你不会证明? 谁会? 你来. 4. S:(走到前面在黑板上证明)$S_{大正方形}=(a+b)^2$. 5. T:你怎么知道这条边是 a? 6. S:因为这两个三角形全等. 7. T:怎么证明它们是全等的? 不要紧张. 8. S:我忘记了. 9. T:他忘记了. 帮一下忙. 请回去. 陶丽,你试试. 10. S:我忘记了. 11. T:你们都忘记了. 怎么证明? 刘文菊,你来证一下好吗? 勇敢一点. 12. S:有一个(角)是相等的. $\angle 1+\angle 2=90°$, $\angle 1+\angle 3=90°$, $\angle 2=\angle 3$. 13. T:理由呢? 14. S:(齐声)余角相等. 15. S:根据 ASA 可以得到全等. 16. T:同样的道理,我们可以知道这四个角都相等. 请继续. 17. S:$S_{大正方形}=(a+b)^2$.

4. 课堂互动模式

正如上面的片段所描述的,香港的课堂中,教师试图通过一系列简单、封闭的引导性问题(2,5,7),使学生的想法集中在教师预期的答案上. 尽管教师提出了一个开放性的问题(4),但是最后化解成了几个封闭性问题(5,7). 同时,在回答他自己提出的问题时,教师给出了清楚的解释(9~11).

基于上述分析,这种互动应该看成是漏斗模式(详见第四章第五节). 在这个案例中,一系列引导性的问题可以提供线索和解释. 教师试图引导学生的学习,但是教师仍然鼓励学生回答一些简单但不重要的问题. 他想要确认学生是否能够理解他努力解释的内容. 因此,这个教学策略是以教师为中心的.

上海的课堂中,教师通过一系列主要是开放的、征询意见的问题,鼓励学生关注关键特征,并给出他们自己的解释. 即使学生在回答问题时遇到了困难,教师也会请其他同学回答,直到有学生给出想要的答案(3,9,11). 因此,这节课上的互动具有伍德(Wood, 1994)所定义的"聚焦模式的互动"的特征.

5. 变式空间

事实上,按照工作纸所规定的,这个证明有两个关键方面:一个方面是将正方形分成一个小正方形和四个全等的直角三角形. 另一个方面是用两种方法计算正方形的面积,并将面积关系的表达式化简成边的关系.

关于第一个方面,香港课堂中,学生习惯于跟随老师的指令,因此工作纸看起来限制了学生的思维. 此外,教师忽视了证明中间的图形是正方形. 但是,上海课堂中,学生不但要给出图形,还要证明关于图形的命题. 在这个意义上,体验图形的一个变式维度就形成了:直接认可和逻辑地证明图的特征.

关于第二个方面,香港的教师基本上自己陈述相关公式并化简表达式. 因此,学生很少有机会表达他们自己的理解和思考. 相反,上海的教师总是让学生说出公式和相应的变形. 在这一点上,上海的课似乎为学生描述演绎推理的过程提供了更多空间.

6. 小结

(1)学生参与. 香港的教师倾向于通过提供一系列简单的填空题帮助学生完成证明,并没有给学生足够的空间去发现面积表达式以及给出相应的说明. 学生在学习过程中几乎没有碰到什么困难,因为他们只是跟着老师的问题和说明走.

另一方面,上海的教师采用了聚焦模式. 教师通过构造图形以及用不同的方法计算图形面积,刺激了学生的思维和解释. 特别是教师似乎并不介意问不同的学生相同的问题,只要学生最终能够理解就行.

虽然这两位教师在通过一些精心设计的活动、问题和说明呈现数学概念方面扮演了重要角色,但是他们仍然努力鼓励学生自己参与学习过程. 两位教师提问技能的差异在于,上海的教师比香港的教师提出了更多的开放性问题.

(2)变式空间. 由于本章关注特殊的证明,前面提到的两个方面就很关键. 根据上述讨论,上海的教师似乎在证明方面形成了一个变式空间,包括图的构造、图的证明,以及用两种方法计算面积. 香港的教师似乎只关注用两种方法计算面积. 因此,与香港教师相比,上海教师为学生的体验建立了更加广阔的变式空间.

三、定理的描述

定理描述方面的差异可能显示了对定理的不同理解. 一般来说,学生会接触到面积关系、文化传承、文字表述、数学公式和公式变式这些方面,如表 7-6 所示.

表 7-6　对勾股定理描述所采用方法的教师人数比较

描述	香港(8)	上海(11)
面积关系	7	2
文化传承	5	10
文字表述	3	11
数学公式	8	11
公式变式	4	11

表中显示，两个城市的教师都注意了定理中的数学公式和文化传承，但这里仍然要关注下面二者之间的一些差异：

(1)面积关系. 几乎所有的香港教师都通过研究面积关系来推导定理，而 11 位上海教师中只有两位提到了面积关系.

(2)文字表述. 所有的上海教师都让学生用准确的文字表述定理，即两条直角边的平方和等于斜边的平方. 他们强调定理是一个公式，也是文字命题. 但是在香港，只有四分之一的教师用文字表述这个定理. 香港的教师似乎倾向于根据面积关系，将定理看成数学公式.

根据上面的问题，香港教师似乎将定理看成面积关系和数学公式，而上海教师则认为定理是数学公式、公式的变式，以及文字命题.

四、练习：显性变异练习和隐性变异练习

(一)问题的分布

根据第五章第二节和第六章第二节中的分析，教师使用的问题分布如图 7-2 所示.

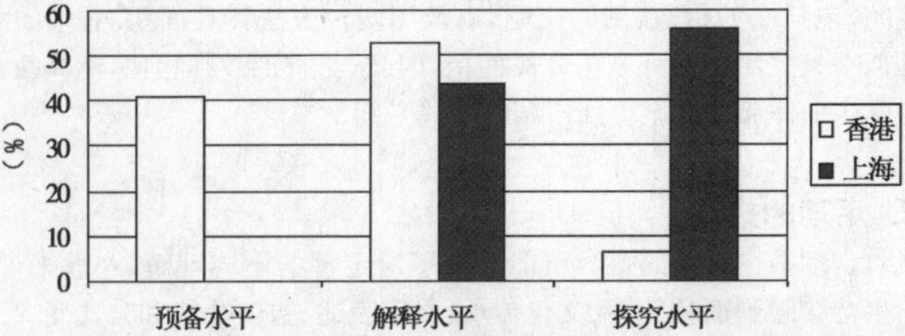

图 7-2　不同水平问题的分布

图 7-2 显示，香港的课堂中，超过 40％的问题是预备水平的，超过一半的问题是解释水平的(基础水平)，只有不到 10％的问题是探究水平的. 而上海的课堂中，没有预备水平的问题，超过一半的问题是探究水平的.

(二)问题的结构

前面第五章第二节和第六章第二节中比较了问题的结构以及解决问题的策略，以下以二分法的形式说明其中的特征.

1. 狭窄、两极分化的问题和宽泛、平衡的问题

根据前面的分析，一半的香港教师只是关注两个极端的练习. 例如，一位教师（HK1）只给出了 8 个相似的不良结构的问题，这在香港课堂的所有探究性问题中占 80%（共有 10 个探究性问题），而另外 3 位教师（HK3，HK5，HK6）主要关注预备水平的练习. 总体而言，香港教师在探究水平的问题方面没有给予太多关注，主要关注的是解释水平的问题.

另一方面，根据第六章第二节的讨论，上海课堂中的问题主要是解释水平和探究水平的，而没有预备水平的问题.

2. 显性变式和隐性变式

本研究采用隐性/显性划分来区分问题的变式方式. 如果原型问题中可以直接应用学过的知识，发生的是诸如数字和图形的位置等直观、具体的变化，应用相关知识的条件仍然是明确的，那么这种变式就是显性的. 另一方面，如果发生的变化需要通过抽象的、逻辑的分析才能发现，比如参数的变化、省略或稍微改变某些条件、背景，或者依赖某些策略等，应用相关知识的条件或策略是隐性的，那么这种变式就具有隐性特征. 下面阐述这种隐性/显性划分.

以本研究中的勾股定理为例. 假设学生刚刚学过了勾股定理，他们第一次接触定理的应用. 下面的练习将说明这两种变式类型.

显性变式：

（1）在下面的直角三角形中，已知两条边的长度，求第三条边的长度，并将答案写在括号里.

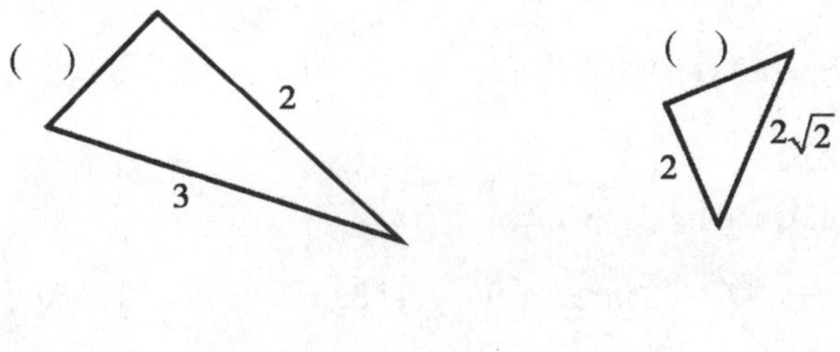

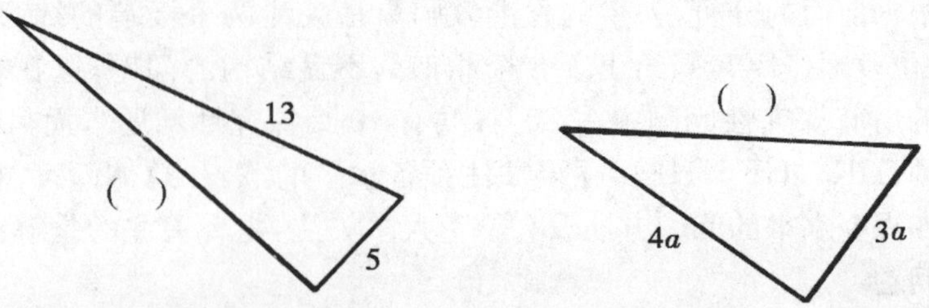

隐性变式：

(1)在 Rt$\triangle ABC$ 中，$\angle C=90^\circ$，$\angle A=30^\circ$，$AB=10$，求 AC.

(2)在一个直角三角形中，如果两条边是 3 和 4，求第三条边的长度.

(3)在三角形 ABC 中，$AC=BC=13$，CE 平分$\angle ACB$，$CE=12$，求 AB.

(4)一队士兵要进攻一座城堡，而他们需要经过一条 15 米宽的河和一面 20 米高的墙.

①他们怎样才能到达墙的顶部？(假设他们不能借助任何方法飞过这面墙)

②他们到达墙的顶部的最短距离是多少？

相似地，以代数为例，假设学生刚刚学过平方差公式 $x^2-y^2=(x-y)(x+y)$，为了掌握这个公式，可以逐步给出下列练习.

显性变式：

将下列式子因式分解.

(1)$4a^2-9b^2$；(2)$\frac{1}{16}s^2-\frac{1}{25}t^2$；(3)$0.81w^2-0.0036v^2$.

隐性变式：

将下列式子因式分解 .

(1)$9a^4-\frac{1}{36}b^4$；(2)$a^2x^4-9b^6y^8$；(3)$x^{2m}-y^{4n}$；(4)$(3x+2y)^2-(x-2y)^2$；(5)x^2-2x-3.

理论上说，两种类型的变式应该是互斥的，但是实际上这取决于学生的知识背景和经验. 例如，如果学生第一次碰到用平方差公式分解$(3x+2y)^2-(x-2y)^2$，这就是一个隐性变式的问题. 但是如果到了

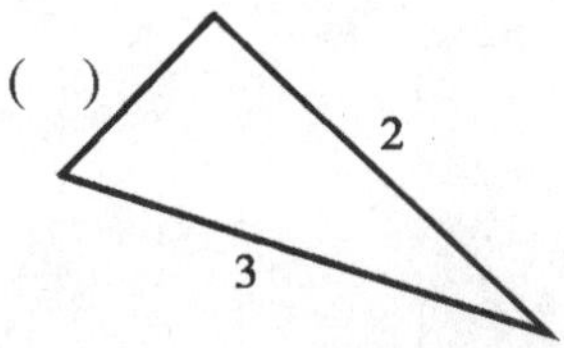

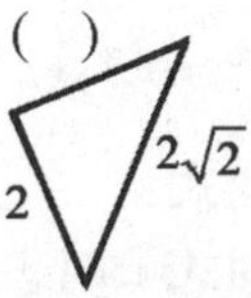

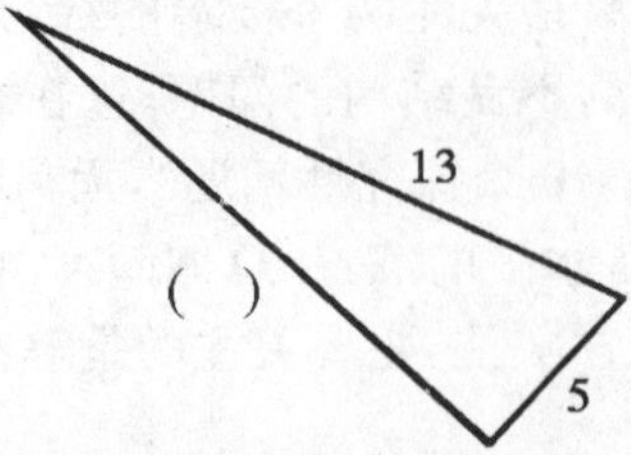

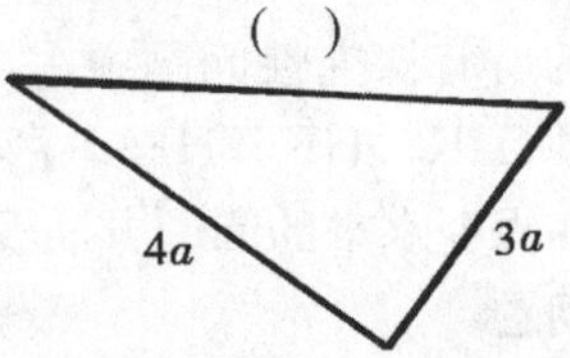

高年级,学生可能更清楚解决这种问题的策略,那么,对他们来说这就是一个显性变式的问题.

研究发现,两个城市都使用了两种变式类型的练习.但是,香港教师倾向于在练习中使用显性变式,而上海教师更倾向于使用隐性变式.

3. 改变背景和数学背景内的深入

研究发现,香港教师倾向于改变问题的背景,从数学到日常生活,而上海教师似乎只是在一个数学背景中变化问题.

(三)进行练习的策略

根据前面第五章第二节和第六章第二节中的分析,解决问题的策略见表7-7.

表7-7 两个城市进行练习的策略

策略类型	香港(8)	上海(11)
学生独自做练习,教师核对答案	3	0
教师演示、说明步骤,结合偶尔的提问	8	1
学生口头叙述过程,教师写在黑板上或者给予评论	0	6
学生在黑板/屏幕上演示解法,教师进行评论	3	5
教师在黑板/屏幕上演示解法模式	2	3
一些学生提出问题,而其他学生立刻解决这些问题	0	2

研究发现,共同的做法是教师在演示之后,让学生在黑板上写下他们的答案,但是有一个显著的差异:在香港,“教师演示、说明步骤,结合偶尔的提问”是解决问题的主要策略;而在上海,超过一半的教师采用“学生口头叙述过程,教师写在黑板上或者给予评论”.换句话说,香港解决问题的策略是教师演示为主导,而上海是学生口述为主导.

(四)小结

香港教师选择练习似乎没有严格的标准,他们关注的要么是非常低水平的,要么是非常高水平的.在香港,通常是教师演示之后,让学生在黑板上解决并呈现问题,之后是教师的讲评.

在上海,教师选择的问题既有宽广的数学内容覆盖面,又有紧密的内部联系.通常是学生在黑板上解决并呈现问题,或者口述解决问题的过程,之后是教师和学生的讲评.

第三节 课堂教学的模式

根据前面章节的讨论,变异模式关注学习目标的关键方面,以下具体说明.

一、香港模式

典型的香港课堂包括如下阶段:

- 通过解决拼图问题研究面积关系,从而推导边的关系(具体、物理的,几何的,直观的).
- 从不同方面描述定理(数学公式和几何表征).
- 通过不同的方法证明结果(数学证明或直观验证).
- 显性变式的课堂练习(数字和方向的变化).

第一个是引入阶段,复习了诸如直角三角形的性质等相关知识,之后学生要通过拼图、计算特殊图形中的正方形面积等活动探究定理.

发现定理之后,通常从不同方面描述定理.例如,从数学公式、面积关系和文化传承等主要方面进行描述.

第二个是证明阶段,运用数学证明和直观验证等不同方法证明勾股定理.

第三个阶段采用不同方式组织练习.有些课关注预备水平以及基础知识和基本技能的问题;有些课直观、明确地改变问题;有些课在数学背景和日常生活背景之间转换.

在香港课堂中,教师似乎认为数学的本质是直觉和验证的,变式可以通过显性变式练习来掌握.

二、上海模式

典型的上海课堂包括以下阶段:

- 通过研究特殊的勾股数猜想直角三角形三边之间的关系(数字

操作).

• 数学地证明猜想(几何与代数的综合).

• 从不同方面描述定理(数学公式和文字表述).

• 提供隐性变式的不良结构的练习(较宽的覆盖面和内部联系,隐性变式).

第一个是引入阶段,根据特殊的三元数组进行猜想,从而探究勾股定理.但是,呈现数组的方式各不相同,包括教师呈现和学生生成.

第二个是证明阶段,为了证明定理,介绍了多种证明方法,以及分割面积这一特殊策略.

证明定理之后,从不同方面描述定理.

第三个是练习阶段,教师给出了隐性变式的不良结构的问题,这些问题围绕同一个数学背景,覆盖了不同类型和难度,而且不同问题之间有内在联系.

在上海课堂中,教师似乎认为数学的本质是抽象和逻辑的,变式可以通过隐性变式练习来掌握.

三、两种方法

根据上述讨论,香港和上海教勾股定理的方法可以用图 7-3 来描绘:

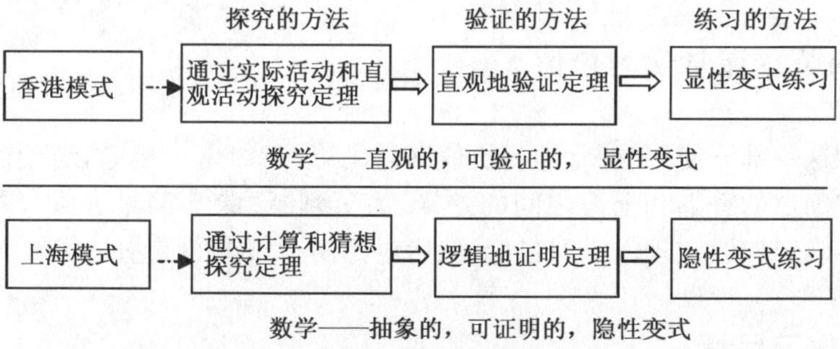

图 7-3 处理勾股定理的两种方法

四、学习过程中的学生参与

本研究用课堂互动模式和教学策略来说明学生参与.根据第五章

和第六章的讨论,学生参与可以分为三种类型:聚焦模式(以学生为中心),漏斗模式和以学生为中心,漏斗模式和以教师为中心. 表 7-8 总结了这三种学生参与类型的分布.

表 7-8 学生参与的比较

互动模式	香港(8)	上海(11)
聚焦模式(以学生为中心)	0	4
漏斗模式和以学生为中心	5	7
漏斗模式和以教师为中心	3	0

根据表 7-8,香港的课都采用了漏斗模式,而上海的课试图采用不同的课堂互动方法. 11 位上海教师中有 4 位采用了聚焦模式,鼓励学生通过精心设计的活动和开放性的问题建构他们自己的知识.

另外,虽然教师采用了漏斗模式的互动,但是他们仍然注重帮助学生参与到学习过程中. 因此,香港的课中超过一半的教师采用了以学生为中心的教学策略,而上海的所有教师都采用了以学生为中心的教学策略.

总体而言,虽然两个城市的教师都强调他们在组织课堂活动和鼓励学生参与学习过程方面的作用,但是与香港教师相比,上海的教师似乎更加关注学生的解释说明.

第四节　课堂学习价值

这一部分使用"课堂学习价值"(详见第三章)这一概念,讨论前面章节确定的香港和上海之间的差异. 为了判断"课堂学习价值",首先需要确定勾股定理的学习目标,然后讨论两个城市的课堂学习价值.

一、学习目标

(一)课程中的陈述

我们研究了香港(课程发展委员会,1985;课程发展理事会,1999)和上海(上海中小学课程教材改革委员会,1998,2002)的文件,以确定勾股定理这一主题的学习目标,如表 7-9 所示.

表 7-9　勾股定理的学习目标

课程	香港的学习目标	上海的学习目标
当前的课程	●说明勾股定理的准确性，比如通过一个固定的正方形和四个活动的三角形之间的差异说明面积相等 ●应用勾股定理解决问题 ●认识到勾股定理在坐标几何以及其他主题研究中的重要性 ●使用平方根表(1985)	●知识方面：学习如何应用勾股定理及其逆定理 ●情感方面：通过学习中国古代数学家的数学成就，激发学生爱科学、爱祖国的热情；通过介绍科学家的故事，培养学生探究未知、寻找规律的科学精神 ●通过学习几何演绎论证，培养并发展学生的逻辑推理能力，培养从事实中寻求真理的科学态度(1998)
改革导向的课程	基础： ●识别并欣赏勾股定理的不同证明方法，包括古代中国的证明 ●认识到无理数和不尽根数的存在 ●用勾股定理及其逆定理解决问题 非基础： ●通过研究第一次数学危机中的故事，欣赏数学知识的动态元素 拓展主题： ●研究并比较不同文化中勾股定理的证明方法 ●探究求平方根的各种方法(1999)	基本方面： ●掌握勾股定理：通过分割方法和面积关系推导定理，直接使用定理计算直角三角形的边长；推导直角坐标系中给定两点间的距离公式 扩展方面： ●介绍勾股定理的历史，知道勾股数组以及构造勾股数组的方法 探究方面： ●为了培养学生的创新思维习惯和能力，探究为了证明勾股定理构造图形的方法(2002)

根据上面的陈述，香港当前的课程似乎只强调知识方面(事实，准确性，应用)，而上海倾向于主张基础知识(事实，应用)、基本技能(比如逻辑推理能力)与情感方面(动机刺激，爱国主义教育，科学精神)之间的平衡.

但是，在改革导向的课程中，两个城市的学习目标是相似的. 两个城市都通过把学习目标分成基础知识、扩展方面、探究方面三个水平来强调学习差异和灵活性. 改革导向的课程,强调定理的探究和证明,并且重视定理的历史文化价值. 同时还特别突出通过丰富的活动进行探究并欣赏不同的证明方法.

另外,数学教育中关于证明的相关研究,有助于阐明并分类勾股定理的学习目标. 以下是一份有用的关于证明功能的列表(Bell, 1976; Hanna, 1990, 2001; Hanna & Jahnke, 1996; Hersh, 1993; Siu, 1993):

- 检验命题的准确性;
- 解释命题为什么正确;
- 交流数学知识,发现或形成新的数学;
- 将命题系统化为公理系统.

(二)当前研究中的学习目标

根据官方文件设定的学习目标,并考虑上述讨论和课堂实践,可以确定课堂的每个阶段中勾股定理的学习目标,如表 7-10 所示.

表 7-10 本研究中勾股定理的学习目标

阶段	学习目标
引入	I1:理解定理的几何表征 I2:理解定理的代数表征 I3:从不同方面描述定理 I3a:面积关系 I3b:文化传承 I3c:文字表述 I3d:数学公式 I3e:公式变式
证明	J1:理解定理的验证 J2:理解定理的一个特殊证明 J3:理解为证明定理而进行的对具体的图形的验证 J4:理解定理的多种证明方法 J5:理解使用特殊策略证明定理的思想

续表

阶段	学习目标
练习	A1:预备水平,如计算平方和平方根之类的问题 A2:解释水平,如直接给出直角三角形的两条边,求第三条边 A3:探究水平 A3a:需要识别直角三角形或间接给出两条边,求第三条边 A3b:给出的条件不充分时,求第三条边

下面将根据前面章节中描述的香港和上海课堂中的变异模式,讨论学习价值.

二、变式模式及其学习价值

本章的前面部分根据课堂结构中引入、证明、练习等主要内容,比较了香港和上海课堂的特征.根据前面对学习目标的分类,表7-11列出了两个城市的课堂中不同阶段发生的次数,这些不同的阶段是为了获得相应的教学目标.

表7-11 学习目标及其达成

阶段	编码	频率	
		香港(8)	上海(11)
引入	I1	6(75%)	1(10%)
	I2	2(25%)	10(90%)
描述	I3a	7(88%)	2(18%)
	I3b	5(63%)	10(90%)
	I3c	3(38%)	11(100%)
	I3d	8(100%)	11(100%)
	I3e	4(50%)	11(100%)

续表

阶段	编码	频率	
		香港(8)	上海(11)
验证	J1	7(88%)	0
	J2	4(50%)	11(100%)
	J3	2(25%)	8(72%)
	J4	2(25%)	8(72%)
	J5	0	8(72%)
练习	A1	19(41%)	0
	A2	17(37%)	40(44%)
	A3	10(22%)	51(56%)

根据表 7-11,下面将讨论与特定的学习目标相关的学习价值.

(一)勾股定理的引入

虽然两个城市的教师都强调通过各种活动探究定理,但是两个城市的课形成的变式空间之间存在差异.在香港,四分之三的教师倾向于使用具体物理的操作和直观演示帮助学生发现面积关系,然后以几何表征推导定理.在上海,除了一位教师,所有人都首选数字/代数运算帮助学生直接发现边的关系,也就是勾股定理的数字或代数表征.

I1:理解定理的几何表征

四分之三的香港课堂中,教师组织活动或者用具体的图说明面积关系.这样学生可以体验定理的不同几何表征.但是,上海 11 位教师中只有一位关注到这个方面.因此,关于这个目标,香港的课比上海的课具有更高的学习价值.

I2:理解定理的代数表征

在上海,学生要进行具体物理的操作,比如画三角形,测量边长或拼图.本质上,他们要通过计算和寻找模式进行猜想.11 位上海教师中有 10 位给学生提供了体验的机会,让学生通过研究不同的勾股数发现直角三角形三条边之间的关系(数字或代数方面),但只有一位香港教师这么做. 关于这个目标，上海的课比香港的课具有更高的学习价值.

I3：从不同方面描述定理

虽然两个城市的教师都从不同方面表示了定理，比如面积关系、文化传承、文字表述、数学公式及其变式，但是在强调的重点方面，香港和上海的教师有一些不同. 非常一致的是，两地的所有教师都将勾股定理表示成了数学公式. 明显的区别在于，香港教师更关注面积关系，而上海教师对此不是很强调. 不过，所有的上海教师都将勾股定理看成文字命题，而很少有香港教师这么做. 另外，与香港教师相比，上海的教师更加注重文化传承和数学公式的变式.

（二）勾股定理的证明

香港和上海在定理的证明方面有着显著的差异. 香港教师在证明阶段采用的方法非常不同. 一些教师完全忽视了证明，一些教师只是简单验证定理，四位教师介绍了一种证明或多种证明方法（介绍多种证明方法的只有一位教师）. 与之形成对比的是，上海教师至少介绍了一种证明方法，超过三分之二的教师介绍了多种证明方法. 很显然，上海教师比香港同行更加注重多种证明方法.

J1：理解定理的验证

根据本研究的分类（详见第五章第一节），验证也是一种证明. 8 位香港教师中的 7 位注意到了通过各种活动验证定理，比如拼图或计算面积等. 但是，上海没有教师采用这种证明，他们只是强调数学证明.

J2：理解定理的一个特殊证明

首先，如果课堂上没有任何证明，学生既不会学到特殊证明，也不会学到数学证明的思想. 很显然，最好是学习数学证明，因为这是课程中提到的学习目标之一. 在香港，8 位教师中只有 3 位介绍了数学证明，而所有的上海教师都至少介绍了一种数学证明. 因此，就这一学习目标而言，上海的课具有更高的学习价值.

J3：理解为证明定理而进行对具体图形特点的验证

分割面积方法在数学证明中得到广泛使用. 8 位香港教师中的 3 位以及 11 位上海教师中的 10 位都介绍了这种方法. 但是，有两种本质不同的方法处理图形的关键特征，而且这些特征是逻辑证明的基础. 例如,在第六章图 6-14 中,直接认可的方法认为这个图包括四个直角三角形和中间的一个小正方形,但是没有给出任何理由. 另一种逻辑验证的方法核实了中间的图为什么是正方形. 香港的 8 位教师中有 3 位采用了逻辑验证的方法,而上海的 11 位教师中有 10 位采用了这一方法. 因此,关于学习的这个方面,上海的课追求更高的学习价值.

J4:理解定理的多种证明方法

如果只是验证定理,学生可能认为这是证明定理的唯一方法. 如果只介绍一种证明方法,学生可能认为,每个定理都只有一种证明方法. 但是,如果介绍了多种证明方法,学生就会理解一个定理可以有几种证明方法. 这就是介绍不止一种证明方法的好处. 如果只是告诉学生定理有几种证明方法,而不告诉他们准确的证明方法,学生就没有机会体验多种证明方法. 那么,学生如何想象并理解什么是证明呢? 如果学生从未体验过一个定理的两种证明方法,他们如何想象多种证明是什么意思呢? 由于 11 位上海教师中有 8 位介绍了两种或更多的证明方法,而 8 位香港教师中只有 2 位介绍了两种证明方法,因此在这个方面,上海的课比香港的课具有更高的学习价值.

J5:理解使用特殊策略证明定理的思想

证明定理时一定要用到一些特殊策略(假设有不同的证明方法使用相同的策略). 例如,香港的课中(唯一的一节介绍两种证明方法的课),两种不同的证明方法采用了两种不同的策略,这样学生就不可能从特殊证明中分离出特殊策略. 但是,上海的课中,两种证明方法使用了相同的策略,即分割面积方法,这样使得学生能够从某些证明方法中发现特殊策略. 11 位上海教师中的 8 位为学生提供了学习特殊的证明策略的机会,而没有香港教师这么做. 因此,在这个学习目标上,上海的课比香港的课具有更高的学习价值.

(三)练习

定理的练习中有一些重要的差异,下面将讨论其学习价值.

A1:预备水平

在香港的课中,超过三分之一的课堂练习是预备水平的,这些练习针对巩固应用定理的基本技能,但在解决这些问题时并没有使用定理.而上海的课堂中没有这个水平的课堂练习.香港训练这种水平的练习可能是由于教师怀疑学生的基本运算技能.与之相反,上海的教师对学生已经熟练掌握这种基本技能很有信心.由于一节课的时间是固定的,因此香港教师花在其他水平练习上的时间相对就少一些,而那些练习对理解和巩固定理的应用非常重要.

A2:解释水平

两地的教师对解释水平的练习都给予了相当多的关注,他们似乎都很强调掌握勾股定理的基本应用的重要性.但是,在这个水平上,上海教师比香港教师提供了更多的练习(上海每节课 4 道题,香港每节课 2 道题).因此,为了达成这个目标,上海教师比香港教师更努力.

A3:探究水平

两地的探究水平的练习中有很大的差异.香港不到十分之一的问题是这一水平的,而上海超过一半的问题都是探究水平.做这种练习有益于提高学生的问题解决能力以及探究能力.因此,在这个方面,上海的课比香港具有更高的学习价值.

除了上述方面,上海教师倾向于提供具有内在联系的问题,而香港教师并不这样做.上海教师可能认为这些问题有助于学生系统地理解定理的应用.另外,虽然两地的所有教师都强调变式练习,但是香港教师更多采用显性变式的问题,比如改变边长和图的方向,而上海教师更多采用隐性变式,比如隐藏直角和边.有说法认为,与显性变式练习相比,隐性变式练习能够为提高学生的问题解决能力提供更多的空间.

三、香港模式和上海模式的价值

究竟什么是高的学习价值,这视所选择的目标而定.不同的标准会导致对学习价值的不同判断.根据香港和上海的官方文件中关于这一主题的学习目标,上述讨论似乎暗示了上海模式比香港模式提供了更高的学习价值.

但是,必须指出的是,一节提供了更高学习价值的课并不能保证更好的学习结果,这实际上取决于学生的背景和能力.因此不能说一种教学实践一定比另一种好.

第五节　小结

本章通过比较勾股定理教学中的变式模式，确定了香港和上海的教学模式中的相似点（例如对定理探究和变式练习的强调）和不同之处.

香港模式中，通过一些操作活动研究几何表征，也就是面积关系，从而探究定理，然后直观地验证定理，最后用显性变式练习作为巩固.

上海模式中，通过直接研究数字关系探究定理，然后逻辑地证明定理，之后用隐性变式练习作为课堂练习.

本章还讨论了学生参与. 研究发现，两个城市的教师都控制着课堂活动，但是仍然通过一系列引导性的或是开放性的问题帮助学生参与学习过程. 不过，上海教师似乎为学生表达他们自己的理解和解释留下了更多的空间.

本章还讨论了香港和上海两种模式中的学习价值. 研究发现，对于大部分的教学目标，上海教师的课似乎比香港教师的课具有更高的学习价值.

下一章将对研究结果进行更加详细的总结和讨论.

第八章 讨论和结论

前面章节中描绘和比较了香港和上海勾股定理教学的一些相同点和不同点. 本章将从文化视角解释这些结果. 文化视角包括通常的教育价值和教师信念,以及诸如教师教育和课程政策之类的特殊学校教育文化.

第一节　研究结果小结

正如第一章所说,本研究的主要目标是从变异视角调查勾股定理的教学方式,研究香港和上海的数学课堂教学特征. 基于从这一特定视角对同一主题的 8 节香港课以及 11 节上海课的细致分析,最后三章给出了研究结果. 下面将解释并讨论本研究的结果.

一、相似点

主要相似点如下:

1. 具有共同的焦点和课堂结构

两地的课堂具有共同的焦点,包括以下共同的成分.

- 引入:以复习相关知识开始,通过各种活动探究勾股定理.
- 证明:逻辑证明定理或者直观验证定理.
- 练习:演示例题或做课堂练习;课堂小结并布置回家作业.

2. 强调对主题的探究

研究发现,两地的教师都强调通过各种活动探究定理,比如游戏、画图、测量和猜想. 这可能是最近的改革努力促使中国的数学课堂中出现了常见的西方场景.

3. 强调变式练习

研究发现,两地的教师都强调通过变式问题进行练习,这与关于中国数学课堂的陈旧说法——重复操练是不一样的. 这可能要归因于中国的学习哲学和考试文化,也可能是理解中国数学学习的关键点.

4. 教师主导与学生主动参与数学课堂

本研究的结果还挑战了另一个对中国数学课堂的传统看法,就是教师主导教学而学生被动学习. 至少在本研究观察的课堂中,上海的课堂有一个特点,就是学生在教师熟练的引导下主动参与学习过程. 这种表面上的矛盾情形可能是由中国的学习文化形成的.

二、不同点

两个城市也存在一些不同之处:

1. 数字运算和实际操作

探究定理的活动中,上海教师倾向于鼓励学生根据数字运算进行猜想,而香港教师倾向于帮助学生根据具体操作发现定理.

2. 证明和验证

无论是在探究定理的活动和证明定理时,还是在应用定理时,上海教师倾向于使用抽象的符号表征,而香港教师倾向于使用直观的具体表征. 而且,上海教师首选数学地证明定理,而香港教师倾向于直观地验证定理.

第二节 解释

一、相似点的解释

正如第二章第三节中所讨论的，求大同是中国文化的本质，它使得中国发展繁荣了几千年(Chan, 1957; Abraham, 1989). 中国有句古话:"没有规矩，不成方圆"，郑毓信(2002)认为求大同暗示着遵守规则，这实际上是实行各种改革的前提，而且这可能对中国，尤其是中国内地的数学教学产生根本影响. 由于这些原因，我们就可以理解为什么提倡统一的课程，为什么公共考试会长期存在. 甚至在今天，上海和香港仍然有着它们各自的统一课程大纲和考试体系. 仔细查看课堂实践时，其中的一些相似点可能要追溯到共同的文化传统.

1. 拥有共同的焦点和课堂结构

拥有共同的焦点和课堂结构可能是由于两个城市的课程政策. 首先，每个城市的课程都有统一的关于这一特定主题的学习目标，这是由专门的课程提纲设置的，而且两地的这些目标非常相似(见第七章第四节). 其次，上海只有一套官方教材可以使用①，而香港的教材虽然是商业出版的②，但是它们在内容和关注焦点方面很相似，这是因为教材要经过某一权威机构的审核. 更重要的是，东亚国家的教材被教师和学生看成"圣经". 因此课堂教学非常贴合教材.

其他一些研究也印证了这一结果(Ida & Morris, 2001; Leung, 1995; Lee, 1998). 例如，梁贯成(Leung, 1995)发现，香港和北京的课包括以下组成部分:开始，介绍新课，例题和练习，小结和布置作业. 而且，亚洲的课被认为是具有引入——练习——反馈这一序列的全班教学(Mok & Morris, 2001; Stevenson & Lee, 1997)(见第二章第二节).

① 本研究中，9位教师使用了相同的官方教材，而2位来自同一所学校的教师使用了自己学校编写的另一本教材.

② 本研究中，8位教师使用了三种不同的教材，最受欢迎的一种有4位教师使用.

2. 强调探究

不过，两地的教师都强调定理的探究，这一结果似乎与其他很多研究结果相矛盾. 例如，中国的课堂学习总是机械学习，或者是被动学习(Biggs & Watkins, 1996; Morris, et al., 1996)，20 世纪 80 年代之前中国内地的教学策略也被看成是“精制的报告和广泛的练习”(Zhang, 1998a). 本研究的发现完全不是这回事，因为学生根据某些活动找到他们自己的发现.

这可能也是由于过去几十年间课堂教学改革的努力. 例如，在香港，由于 20 世纪 70 年代的新数运动的影响，活动教学得到提倡，教师可以利用权威人士设计的很多活动(Wong, 1993). 同时，香港教材中也体现了这种活动教学的思想. 上海的新教材将几何系统分成三个阶段. 第一阶段(一至六年级)是“直观几何”，主要目标是认识不同的几何图形以及简单性质和运算. 第二阶段(六至七年级)是“实验几何”，目标是根据处理隐性推理的变换和实验，发展适当的论证. 第三个阶段(八至九年级)是“演绎几何”，介绍演绎证明(Cheng, 2000). 根据这一设计形成的教材从 1990 年开始使用. 由于两地的教学均是教材导向的，对活动(或实验)的强调可能是数学教学的一个普遍策略，至少在几何教学中是这样的.

另一个原因可能是由于主题的特殊性. 关于这个主题，香港和上海的教材中都提供了一些探究活动，还有一些参考资料也提供了诸如游戏和拼图之类的活动. 因此，如果教师强调探究活动，他们就可以很容易地去设计.

3. 强调练习

以往研究认为中国的教学强调重复训练. 但是，本研究表明，两地的教师都强调通过不同的问题进行练习. 我们可以从下面这些方面来解释这一点.

首先，根据中国的学习观念，学习和练习是不可分离的. 因此，练习是学习的一个必要成分. “熟能生巧”这一受到普遍公认的道理可能也反映了中国的这一学习哲学.

其次，中国长期的考试文化可能也突出了练习在学习中的重要性，并且在一定程度上影响着数学教学(Lee, Zhang, & Zheng,

1997). 香港和上海都有单独的考试大纲. 每年都进行的公共考试必须从属于相同的考试大纲. 但是,试卷必须避免出现重复的试题. 因此,试题总是在相同的数学内容中进行背景或形式的改变. 为了帮助学生在这些考试中获得好的表现,教师就要尽力提供关于某一内容的不同类型的题目,这样,学生才能够处理某些领域里的各种问题,而不会感觉到陌生(张奠宙, 2001, 个人交流). 中国有句谚语:“万变不离其宗”,也印证了这样的观点. 也就是说,无论问题的背景怎样变化,如果通过大量的关于相同内容的变式训练,学生掌握了知识和技能,他们就可以解决关于这一内容的各种问题. 这可能就是两地的教师都注重变式练习的原因.

再次,关于改变题目,上海教师似乎采取隐性变式,而香港教师更多采取直观的显性变式. 这种差异可能反映了教师在数学教学信念上的区别. 西方教师认为,将数学教学与具体模型联系起来可以使学习更有意义,而中国内地的教师认为,采取抽象表征可以发展学生的批判性思维和逻辑推理能力(An, et al. , 2002; Cai, 2002a, 2002b). 在这个方面,香港的教师更倾向于接受西方的观念. 从这个意义上来说,我们就可以理解为什么香港教师采用显性变式的问题,其中通常是数字和图的方向的变化.

4. 教师主导和学生主动参与数学课堂

在课堂互动方面,两个城市的数学课堂中都出现了一种明显不一致的画面. 一方面,教师组织教学并控制课堂活动,这样教学可以平稳进行. 另一方面,学生通过精心设计的活动和一系列引导性或开放性问题,自己参与到学习过程中.

以前的很多研究似乎公认中国课堂中是教师主导教学,西方研究者通常将其与以教师为中心和学生被动学习联系在一起(Biggs & Watkins, 1996; Morris, et al. , 1996; Paine, 1990; Salili, 1995). 不过,最近的研究已经表明,教师控制的教学不一定导致以教师为中心和学生被动学习. 而且,中国的课堂中有许多以学生为中心的元素(Cortazzi, 1998; Cortazzi & Jin, 2001; Mok & Ko, 2000; Mok & Morris, 2001). 西方理论认为,教师主导教学会损害学生的学习动机,带来比较差的学习效果. 问题是:在中国的数学课堂中,教师主导与以学生为中心如何共存并很好地运作？这可能是由一些独特的中国文化观念引起的. 下面的讨论将解释中国数学课堂中的这一特征.

首先，正如斯蒂格勒和海波特(Stigler & Heibert, 1999)所指出的，美国课堂中经常出现中断，而日本课堂却很少被打断，这可能是由于他们对于课堂有着不同的信念. 日本人认为课堂完全是为学生学习服务的，其他人不能打断，但美国人可能就不这么想. 我们经常可以发现，与西方国家相比，中国课堂中纪律问题和被打断比较少(Leung, 1995; Stevenson & Stigler, 1992). 这可能是因为中国和日本都受到儒家传统的影响，所以他们对课堂教学可能拥有相似的信念. 这个假设可以用一句中国谚语来印证，即"养不教，父之过；教不严，师之惰". 这意味着学生进入学校或课堂后，教师应该承担起严格教育他们的责任.

其次，这可能反映了中国数学课堂教学的改革. 在过去的二十年里，尤其是在上海，教育工作者学习了西方的理论和实践，这些理论强调以学生为中心的学习，因此他们对改进课堂教学给予了更多的关注. 另一个需要指出的重要方面是，在中国的环境下，虽然学习西方了，但是本质上还保留了自身的传统. 正如郑毓信(2002)所说，中国的现代教育改革"根本上是同化的过程. 就是说，不是被外来因素疏离，而是吸收外来理念并同化到中国文化中". 这一观点得到了洋务运动的著名口号的支持，即"中国学习基本原理，西方学习实践应用"(Zheng, 1999). 而且，郑毓信(2002)认为，"中国的数学教育存在一个基本特征：中国的数学教育者不走极端，而是在教育的各种极端之间获取平衡"，这是中国文化精髓——"中庸之道"的核心思想(详见第二章).

因此，我们就可以理解，通过将以学生为中心的教学策略同化到传统的以教师为中心的策略中，中国课堂上出现了一个独特的教学策略，其中包括教师控制和学生参与学习过程.

再次，教师和学生在课堂上如何有效配合？通常来说，对于教师角色和学生责任，师生之间有着某种规范. 柯塔兹和金(Cortazzi & Jin, 2001)特别采用了"倾听导向的学习"和"学习者训练的学习"两个概念，从学习角度解释了中国课堂的独特性. "学习者训练的学习"意味着学生知道程序，并对教师的提示作出迅速反应，这样教师可以流畅地切换活动,没有任何中断."倾听导向的学习"意味着学生带着问题和挑战听教师讲课,或者听其他学生的讨论,他们的头脑是积极主动的,从教师和其他同伴身上学习.

最后,以学生为中心和以教师为中心之间的区分原本就太武断了,往往不能捕捉到课堂中本质的,但却精细的课堂教学特征.尤其是在中国,全班教学仍然是组织教学的主要手段,小组讨论比较少.这里就很可能根据表面的特征(比如教师说明性的讲解和学生的专心听讲),认为教学策略是以教师为中心的.不过,正如本研究以及其他的一些研究(Cortizzi & Jin, 2001; Mok & Ko, 2000; Kok & Morris, 2001; Perry, et al., 2002)所表明的,以学生为中心的要素通常出现在中国的数学课堂中.因此,本研究想要挑战用以学生为中心和以教师为中心的二分法来描述教学策略的合理性,至少在用于中国数学课堂时需要注意.

二、不同点的解释

以下部分讨论并解释不同点.这些不同点可能是由香港的历史造成的,因为它曾经沦为英国殖民地达150多年.

1. 数字运算和具体物理的操作

与欧几里得《几何原本》在古希腊数学中的威望相比,中国数学名著《九章算术》在古代中国数学中占有同样的地位.刘认为"东西方之间有两种非常不同的数学体系"(Liu, 1990).他还进一步说到,如果西方数学(即希腊数学)的特点在于逻辑演绎体系,那么东方数学(即中国数学)的特点就是计算导向的算法理论.即使在今天,中国内地的数学教育仍然强调"双基",也就是基础知识和基本技能;强调三种重要能力,也就是运算能力、空间想象能力、逻辑推理能力(人民教育出版社, 1988).但是,一般认为像西方那样,在实际生活背景中教数学并将其与具体的模型相联系学习,使学习有意义且更形象,这是非常重要的.由于香港的课程大纲和教材深受西方的影响,尤其是很长一段时间内受英国体系的影响,香港的教师在这个方面可能也深受西方理念的影响.这可能解释了为什么香港教师倾向于使用拼图帮助学生发现定理,而上海教师倾向于鼓励学生通过测量和计算进行猜想.

2. 抽象表征与证明和具体表征与验证

研究发现，香港教师强调在探究和练习中使用直观、具体的表征，而上海教师倾向于使用抽象表征. 相应地，香港教师强调定理的直观验证，而上海教师强调数学证明. 可能的解释是什么？

首先，虽然儒家文化似乎没有强调逻辑推理和演绎证明，但其思想方法本质上是收敛、封闭、演绎的. 因此，虽然儒家文化没有直接强调数学，但是它并不拒绝或否认数学. 相反，明清时期的“考据文化”强调做学问中的证据和逻辑推理，要求数学中逻辑推理的合理性. 例如，“搜索证据”通常依靠“反证法”，这促进了数学教育中“证据和演绎”的发展(张奠宙，2002). 此外，张奠宙认为，这可能对如下问题给出了一个历史的合理解释，就是尽管欧几里得几何(来自《几何原本》)来自西方，但中国的中学仍赋予其很高的地位.

其次，即使是当前的上海数学课程，重点也是放在数学教学中的抽象表征和逻辑演绎思维. 可以预见，在教几何特别是勾股定理时，教师会强调几何证明，因为他们相信几何证明是发展学生逻辑推理能力的一个好方法(上海中小学课程与教材改革委员会，1998). 官方教材中介绍了勾股定理的两种不同的证明方法. 而且，教师在备课和课堂实施中都清楚表明了他们对证明的强调.

最后，香港使用的教材中有一些直观的探究活动，也介绍了一种证明，但是，香港的教师似乎更加关注通过探究活动验证定理，而不是详细证明定理.

有多项研究发现，中国内地和日本的学生倾向于使用更加抽象的符号表征，而美国的学生则倾向于使用更加具体的直观表征(详见第二章第三节). 在这个方面，香港教师可能受到了西方观念的影响，因此他们倾向于采用直观方法来验证定理.

3. 一致化与多样化

虽然香港和上海都有统一的课程和考试体系，但是上海教师采用了一致的证明方法，就是数学证明，而香港教师的证明方法比较多样化，有省略不证的，也有验证和数学证明. 下面的讨论将为理解这一差别提供一些线索.

在上海，除了统一的课程、教材和考试，更重要的是有一个统一的教师在职培训和教师晋升体系，教师通过参加各种教研活动来研究教学内容的重点、难点和关键点，从而学习教学(Paine, 2002). 通过这种集体的教师专业发展体系，教师获得了统一的学科知识和教学知识，然后应用到课堂实践中. 此外，中国内地还认为，学习专家教师设计的教学方法有益于新手教师的专业发展. 因此，共享教学经验在上海的学校中非常普遍. 可能就是这种统一的教师专业发展和共享的学校文化，使得教师根据相同的教材进行非常相似的教学.

香港虽然也有统一的课程和考试系统，但是没有严格、统一的教师培训和晋升政策. 另外，由于西方价值观和学校文化的影响，香港教师对教学有着不同的观点，而且集体、合作备课文化在香港学校中也不是很流行. 因此，教师可以形成他们自己的教学策略，实施他们自己的课程计划.

三、自由和学习空间之间的权衡

如果认为香港比上海更加西化，那么可以预想到与上海的教师相比，香港的教师应该更加提倡以学生为中心，因为这是西方国家非常推崇的. 但是，本研究的数据显示出了相反的结果：上海教师更有可能去鼓励学生表达他们自己的理解和解释，这可能为学生拓宽了学习空间. 香港教师更多地提问一系列引导性问题，引导学生达到目的，这可能缩小了学习空间.

这可能是由香港教师和上海教师不同的工作量引起的. 初中阶段，香港教师的周课时数(每节课 40 分钟，大约 30 节)是上海教师周课时数(每节课 45 分钟，大约 12 节)的两倍多. 因此，香港教师也许没有足够的时间思考如何设计教学，如何处理可以预见的学生反应，包括可能的答案和一般错误. 相反，上海教师有更多的时间研究不同的教学材料，包括教材、参考书和其他资料，并与同事共同讨论如何备课，这样他们能更好地理解和设计教学过程.

上海的课程和教材中列出的教学目标很清楚、详细，因此上海教师为了获得有效的课堂教学，可以更多地关注课堂活动和互动(Zheng, 2002). 对香港教师来说，他们需要作很多决定. 例如，是否需要教证明，应该介绍哪种证明. 因此，对于设计特殊的活动以及处理可以预见的学生反应这些方面，香港教师给予的关注也许比较少. 赋予教师更多作决定的自由似乎并不能保证他们可以获得高质量的教学；相反，给教师较少的设计教学的选择机会，并不意味着带来低质量的教学. 因此关键问题是：为了获得有效的教学，应该为教师决策提供多大的自由？

第三节　意义

本研究的理论意义和实践意义如下.

一、理论意义

(一)方法方面

1. 具体内容和课堂学习价值

从变异理论的角度来看，进行课堂研究的前提假设是具体内容，根本的兴趣是寻找教一个具体内容时的变异模式，这为使某种学习成为可能提供了必要条件(见第三章). 我们不可能通过研究课堂教学总结出获得了哪种学习，但是可以确定变异模式. 此外，通过比较处理相同内容的不同课堂中的变异模式，我们可以判断一节课中可能学到什么，而另一节课可能学到什么. 因此，根据特定的学习目标，我们可以研究某一节课是否为某种学习建立了必要的条件，从而判断课堂学习价值. 根据这样的推理，保持内容不变，从特殊的理论视角比较课堂教学是非常有益的.

另一方面，从理论取向来看，这一方法与处理特定内容而不是一般方面的方式紧密联系，这样使得发现一些深刻的特征成为可能. 正如本研究所体现的，例如从变异视角研究两个城市的勾股定理教学方法，从而生动、广泛地描绘如何教学这一具体内容的特点，例如如何组织课堂活动，如何处理定理证明，以及如何进行问题解决. 这些有助于理解中国，尤其是这两个城市的数学教学特征. 如果不采用一个特定的内容来研究课堂，可能就发现不了这种结果. 然而在方法上，以前的很多研究都没有充分关注特定内容的处理方式. 从这个意义上说，本研究示范了如何研究特定内容的课堂教学，以及这种方法的重要性.

2. 充实后的变异理论的有效性

正如第三章所讨论的,最初的变异理论源自欧洲哲学,这具有可靠的哲学基础和方法定位,但是对教学,尤其是数学学科教学涉及较少.不过,本研究充实了顾泠沅的变异理论,发现其在观察课堂教学过程、捕捉关键特征,甚至是呈现结果方面都非常有用.例如,正如第五章和第六章所呈现的,根据充实了的变异理论,在发现某些诸如定理之类的原理时,关键是要通过研究变化的背景来寻找不变性(详见第三章).尤其是通过顾泠沅(1994)提出的分类,描述使用的问题是非常适当的.因此,本研究似乎指出,充实了的变异理论是研究数学课堂教学的有用理论和工具.

3. 理论盲区

变异理论非常关心课堂中建立了哪种变异模式.它包括变式空间或学习空间,并为某种学习成为可能提供必要条件.正如本研究所表现的,这一点对于描述课堂教学非常重要.但是,这一理论较少关注变异模式是如何建立的.问题在于,如果两位教师具有相同的焦点并建立了非常相似的变式空间,他们能获得相似的教学目标吗?例如,如果在一节课上,教师将变式空间介绍给学生,而另一节课上,学生在教师的引导下建立了一个相似的变式空间,那么这对学生来说是否是一回事?应该说,学生对学习过程的贡献越多,他们学到的东西就越多.基于这样的考虑,本研究关注了另一方面,即学生参与.这样做是想描述教师如何帮助学生参与学习过程,以及达到了什么程度.本研究试图通过研究学生参与来补充如何建立变式空间的知识.

(二)再次探讨悖论

第一章提到了一个悖论,即一般认为东亚国家的学习环境不利于学生学习,但东亚国家的课堂可以让学生获得很高的数学成绩.下面将根据本研究的发现讨论这一悖论.

1. 好的教学

本研究描述了香港和上海数学课堂教学的以下特征:

- 教师强调探究和知识建构;
- 教师提供多种变式练习;

• 教师帮助学生参与学习过程.

虽然本研究调查的课中,班级规模比较大(超过 40 人),而且教师控制课堂活动,但是我们很难将数学课堂的上述特征与机械学习和被动学习联系起来. 这可能是本研究的结果不全面,或者是这个悖论本身值得怀疑.

研究中我们一直寻求合理的结果. 而且其他一些研究似乎也支持这些结果(Mok & Ko, 2001; Stevenson & Stigler, 1992). 例如,史蒂文森和斯蒂格勒(Stevenson & Stigler, 1992)发现:

中国和日本教师使用的方法对教师来说并不是新的,也不是外来的. 事实上,这些方法正是美国教育者经常推荐的. 中国和日本表现得如此引人注目,是因为一旦广泛、持续地实施这些方法,就可以产生非凡的结果.

2. 对中国教学的误解

比格斯和沃特金斯(Biggs & Watkins, 2001)进一步支持了这一结果,他们指出:"只有当中国学生被教坏了,悖论才会存在. 就我们所看到的中国内地以及香港的一些课而言,悖论完全不正确."此外,他们解释说,出现这样的悖论是由于西方研究者的理论考虑和观点引起了误解. 为了理解为什么出现这个悖论,我们可以考虑不同水平的观察. 如果从表面特征观察课堂,比如较大的班级规模、教师引导课堂、教师控制课堂、资源贫乏等,那就很容易按照西方观点认为这是不好的教学. 但是,如果观察教师如何鼓励学生参与适当的学习活动,那就会认为教学是以学生为中心的,并且有持续地要求学生有效参与的愿望. 这些成果来自集体的反思实践,它可能"发展凝聚成非常有效的脚本".

(三)寻找中国的数学教学法

表面上看,中国的学习环境似乎并不令人满意,但是仍然出现了好的教学,并产生了好的效果(Biggs & Watkins, 2001). 因此,接下来的问题是:中国数学课堂教学的特征是什么?是否存在特殊的中国数学教学法?东亚地区是否存在特殊的数学教育?(Leung, 2001)

1. 中国数学教学的特征

本研究认为,中国的数学教师通常:

• 根据精心准备的教学计划，很好地组织和控制课堂.

• 强调对知识的探究.

• 强调数学推理，即验证和证明.

• 强调变式练习.

• 注重帮助学生参与学习过程.

其他一些研究也支持这些结论. 例如，一些跨文化研究发现，中国的数学课堂通常：

• 对内容有更加严格的要求（Huang & Leung, 2002; Leung, 1995, 2002）.

• 更加强调演绎推理、辩解和证明（Huang & Leung, 2002 ; Leung, 1995, 2002）.

• 更加强调数学思想的探究（Huang & Leung, 2002; Leung, 1995, 2002; Lee, 1998）.

• 在内容安排上更有连贯性（Leung, 2002; Mok, et al., 2002）.

此外，一些研究试图从文化视角探究教学设计和实施，得出了以下结论. 中国学生似乎：

• 将成功归于个人努力（Lee, 1996; Leung, 1998）.

• 更喜欢成绩导向的动机以及深层的学习（Lee, 1996; Watkins & Biggs, 2001）.

• 更喜欢倾听导向的学习以及精心训练的学习（Cortazzi &Jin, 2001）.

中国教师似乎：

• 受考试的驱动，受课程的引导.

• 以成果为导向.

• 强调练习.

• 将学生的成功归于努力（Leung, 2001; Watkins & Biggs, 2001）.

斯蒂格勒和海波特（Stigler & Hiebert, 1999）对日本、德国以及美国课堂进行了生动的描述：

日本课堂中，一方面是数学，另一方面是学生. 学生参与数学，教师协调两者之间的关系. 德国课堂中也有数学，但是是教师掌控数学，并且把他认为适合的内容传送给学生，再适当地给出事实和说明. 美国的课堂中有学生，也有教师. 我在课上看不到数学，只看到学生和教师之间的互动.

本研究也尝试给出中国数学课堂的场景：

课堂中有教师、学生和数学. 教师呈现数学，并通过提供适当的脚手架和一系列启发性的问题，帮助学生参与探究数学的过程. 学生很渴望听课并参与到学习过程中.

依照西方的概念，比如以教师为中心或以学生为中心，上述现象就很难理解. 但是在中国文化背景中，这种现象是实实在在存在的，也是可以理解的. 这样的区别可能是由文化差异引起的.

2. 内部文化差异

本研究还发现了香港和上海在勾股定理的处理方式上的区别. 例如，香港教师更喜欢直观地验证定理、进行问题的显性变式，而上海教师更喜欢逻辑地证明定理、进行问题的隐性变式. 正如前面所说，这可能是由一些内部文化差异造成的.

比格斯和沃特金斯(Biggs & Watkins, 2001)指出了香港和中国内地之间在课堂互动以及教师在职教育方面的一些实质性的差异. 此外，莫雅慈和莫雷斯(Mok & Morris, 2001)还提到，我们应该谨慎使用“亚洲”或“儒家”教学模式之类的词.

比格斯和沃特金斯(Biggs & Watkins, 2001)认为，两个城市在数学课堂上的相似之处，也许是由于它们具有共同的文化传承，而它们之间的差异也许是由不同的政治影响造成的，因为英国统治香港超过了一个世纪. 因此，在比较香港和中国内地的数学教学时，我们应该考虑历史和政治因素，这样才能对它们之间的差异有更加全面的理解.

二、实践意义

在实践意义上，如果要在两个城市中实施任何新的改革，很好地理解它们的课堂教学实际是非常重要的. 根据本研究的内容，以下方面是值得反思的：

1. 灵活性和标准化

香港处理证明和练习的方式更加多样化，这对学生学习这一特定主题是否有好处？就香港课堂中的证明而言，虽然他们使用的所有教材都介绍了一种证明方法，但是课上介绍证明的那些教师总是选择他们自己的方法，而那些往往是教材中没有的. 一些教师可能只是给出了直观的验证，一些甚至完全忽视了证明. 因此，如果教师可以随意放弃证明（新的课程明确说明需要介绍证明），那么教材中给出证明的价值在哪里？如果证明是值得学习的，那么教师是否应该介绍至少一种证明方法或者更多？

就学生练习的选择而言，一些教师只是给出了预备水平的运算；而有的教师只是给出一组挑战性的问题，学生就会感到很困惑，因为他们还不能完成如此高水平的练习.

上述讨论提出了一个关键问题：是否有必要为定理证明和学生练习的选择设置确定的标准？

上海的实践可能提供这一问题的一些启发. 所有的上海教师都至少介绍了一种教材上的证明方法，有一些可能介绍了超过两种证明方法，这取决于教师的理解和学生的能力. 在问题的选择上，所有的教师都使用了教材中的一个例子，并从参考资料中选择了其他的各种问题，这些问题覆盖了不同的水平（解释水平和探究水平的问题都有）.

似乎寻求灵活性和统一性之间的平衡是问题的答案.

2. 指导学习和自我发展

如果设定了一些原则或标准，教师如何遵循这些原则和标准？佩恩（Paine，2002）描述了上海的一位新教师（第一年工作）的教学实习：参加教研组之类的实践共同体的活动，关注“难点”、“重点”、“关键点”的选择；观察指导者的课、示范课、公开课等. 这样，年轻教师就可以逐渐熟悉教材和常规的教学策略，并掌握成为合格教师的“基本技能”. 依靠师范大学的学科内容教育，再加上这种培训过程，年轻教师“对数学概念就有了深刻理解”（Ma，1999），并掌握基本的教学策略. 这样就不难理解，上海的教师为什么更愿意遵照教材并采用相似的教学策略.

不过，香港虽然有统一的课程和考试大纲，但是教材中的材料可以是不一样的. 此外，香港不同的大学和机构提供不同的教师培训课程. 因此，年轻教师有更多的空间来发展他们自己的教学法知识. 这样一来，他们可能就不常依据教材，而是采用更加多样化的教学策略. 是否有必要深入理解教学材料？让年轻教师像上海教师那样学习“基本教学策略”会有帮助吗？这些是香港的教育者应该考虑的问题.

3. 个别化和标准化

上海的教材、教学策略和教学目标都更加统一. 令人印象深刻的是，上海教师的课总是具有更高的学习价值. 例如多种证明、图的证明、通过探究问题进行的实践等等，这些总在数学课堂上出现(见第七章). 上述特点是教育改革者高度推崇的. 但是，考虑到课堂中的实际情况，一个班级有 40 多名学生，他们有着不同的背景和学习能力，是否能够获得如此统一、高要求的学习目标，这是令人怀疑的. 中国内地教的内容总是既深又难，考试题目对大多数学生来说都是陌生而又困难的，这一点经常受到批评(Zhang, 1998a). 这种考试导向的策略忽视了数学技能的其他方面，使学生总是处于“题海”中. 本研究显示，上海的这种实践广泛应用于大多数数学课堂中. 对上海的教师或教育者来说，反思下面的问题是很有帮助的：在统一的教材和教学策略下，如何应对不同能力的学生，甚至是反应比较慢的学生？是否真的有必要让每节课的学习目标都是高价值的？例如，是否有必要向学生介绍多种证明方法？

4. 直观和抽象

传统上，上海教师习惯使用抽象表征和逻辑推理. 为什么不使用更加直观、具体的表征，从而让学习过程变得更加快乐？为什么不接受对于证明的不同看法，比如游戏和直观验证？而这些可能更加接近那个年龄段学生的心理发展水平.

由于文化特殊性(Leung, 2002; Stevenson & Stigler, 1992; Stigler & Hiebert, 1999)，我们难以改变教学实践，但是我们应该反思实践，通过比较在两个对立面之间寻找平衡.

第四节　局限性

本研究也有一些局限：

第一，由于经费和时间的限制，研究的样本比较小，总共研究了香港不同学校、不同教师的 8 节课，以及上海不同学校、不同教师的 11 节课. 由于两地的总体都太大了，尽管在选择样本时已经作了各种努力，但是它们仍不具备完全的代表性. 因此，将结果进行推广的任何尝试都是没有保障的. 另外，在解释香港和上海两地之间的差别时，应该考虑样本之间轻微的不匹配，包括教师背景和学校背景(见第四章). 无论怎样，本研究的意图在于更好、更全面地理解香港和上海的数学课堂中究竟发生了什么.

第二，香港和上海的数据收集相差了一年时间(香港是 1999 / 2000，上海是 2000 /2001)，这可能影响数据的可比性. 幸运的是，在收集数据的这段时间里，两个城市都没有发生大的教学改革. 因此，数据反映了两地平常、真实的情况. 在这一点上，可比性还是可以接受的.

第三，本研究是关于特定内容的. 前面章节中已经说明、讨论了这种方法的优势. 但是劣势在于，诸如证明这样的一些结果受到内容的限制，不能推广到其他内容中. 而且，研究单个内容不足以理解整体的数学教学.

第四，研究者已有的经验和理论可能影响分析和解释的客观性. 因为香港的数据来自 TIMSS-R 录像带研究，研究者是局外人，所以无法与其中的教师有任何联系. 对于上海的数据，研究者不但有录像，还与上课的教师有过一些接触. 虽然研究者注意避免对这些教师产生任何影响，但是对上海的课有更加敏锐的理解. 另外，研究者在中国内地学习和工作很多年，对中国内地的教育系统和实践有更多的了解. 这些可能加重在理解两地的课堂教学方面的不均衡性. 为减少这种负面影响，研究者与很多专家讨论了研究结果，比如数学教育的硕士生、香港大学和香港中文大学的数学教育专家，以及香港特区教育部门的有关工作人员.

第五节　建议

本研究还可以从以下不同的方面加以延伸和强化：

1. 研究多个内容

正如前一节所讨论的，在进行这项课堂比较研究时，选择固定的内容可以帮助我们更加详细地研究处理相同内容的方式，并且就某些学习目标讨论学习价值，如果内容不一样这些就不可能进行了. 但是，正如局限性部分（见本章第四节）所指出的，研究结果可能受到了内容的限制，不能一般化. 改进研究的一个方向就是考虑其他内容，这样研究可以包含更多内容，也将描绘出更加完整的学科教学. 例如，就初中数学而言，尤其是几何，如果研究其他主题，比如三角形的相似和全等、四边形的性质等等，这可以更加充分地理解几何教学. 另一个充实研究的方法是研究代数中的一个主题，例如，有两个未知数的线性方程. 那样的话，相关的结果就可以涉及几何和代数教学.

2. 覆盖一系列课

本研究也显示出了只考察一位老师的一节课的局限性. 只是观察一位教师处理一个特定主题的一个部分（比如一节课），我们不可能彻底了解教师教这一特定主题的完整计划. 因此，根据对一个完整主题中某个特殊部分的研究，从而对教师的教学策略特征作出任何结论，这是非常危险的. 例如，就本研究而言，如果在第一节课中没有介绍定理在日常生活情境中的应用，但是在后面的课上介绍了，那么我们就会认为教师忽略了定理在真实生活情境中的应用. 因此，如果可以系统地研究关于一个完整主题的一系列课，得到的结果就更加可信.

3. 采用补充的说明方法

教师问卷是为了了解教师的教育水平、教学经验、学校背景、教学信念和教学行为，但是只是根据教师问卷的数据进行解释，而没有来自教师或学生的面对面的意见，感觉并不充分. 如果可以获得教师对于他们的教学计划的意见、对课堂中关键事件的说明，学生对与特殊事件相关的行为的解释等数据，那么就可以为更加深入、全面地了解课堂教学提供帮助.

4. 跨文化的比较

由于研究的本质以及其他的实际限制，本研究只关注了香港和上海关于勾股定理的一节课. 但是，由于缺乏非中国背景的相应数据，我们不能将数学课堂的一些特征看成中国的特色. 因此，比较中国和西方国家关于相同内容的数学课堂教学，从而探究中国数学课堂的特征，这将是一个令人兴奋的想法.

第六节　总结

中国的学习环境似乎不利于学生学习，但在数学上却产生了出乎意料的成就. 出于对理解这一悖论的兴趣，研究者在攻读博士学位的过程中花了三年时间来探寻其中的秘密. 但是，本研究带来了一个意外的结论：中国的数学课堂中没有这样的悖论，因为中国的数学课堂中有好的教学. 给人印象最深刻的结果是，在教师熟练的引导下，大班教学环境中的学生主动参与数学内容的处理. 西方人如果根据他们的哲学和理论，很难理解这一点. 中国课堂中，学生主动参与数学学习过程与教师控制共存的现象，是来自中国特殊的哲学或文化价值观吗？这一问题的答案可能会为揭开中国数学教学和学习的神秘面纱提供重要的线索.

参考文献

[1] Abraham, W. R. (1989). *The role of Confucian and Jewish educational values in the assimilation of the Chinese Jews of Kaifeng, supplemented by Western observer accounts*, 1605-1985. Unpublished dissertation, Columbia University Teachers College (UMI No. AAT 8913096).

[2] Aguirre, J. , & Speer, N. (2000). Examining the relationship between beliefs and goals in teacher practice. *The Journal of Mathematical Behavior*, 18, 327-356.

[3] Alexandersson, M. (1994). Focusing teachers' consciousness: What do teachers direct their awareness toward during their teaching? In I. Carlgre, G. Handahl, & S. Vaage (Eds.), *Teachers' minds and actions: Research on teachers thinking and practice* (pp. 139-149). Hillsdale, NJ: Erbaum.

[4] Alexandersson, M. , Huang, R. , Leung, F. K. S. , & Marton, F. (2002, April). Why the content should be kept invariant when comparing teaching in the same subject in different classes, in different countries. Paper presented in American Educational Research Association Annual Meeting, New Orleans, USA.

[5] An, S. , Kulm,G. ,Wu, Z. , Ma, F. , &Wang, L. (2006). The impact of cultural difference on middle school mathematics teachers' beliefs in the U. S. and China. In F. K. S. Leung, K-D. Graf, & F. J. Lopez-Real (Eds.), *Mathematics education in different cultural traditions-A comparative study of East Asia and the West. The 13th ICMI Study* (pp. 449-464). New York: Springer.

[6] Anderson, J. (1996). Some beliefs and perceptions of problem solving. In P. C. Clarkson(Ed.), *Technology in mathematics education* (Proceedings of the 19th annual conference of the Mathematics Education Research Group of Australia, pp. 30-37). Melbourne: MERGA.

[7] Ausubel, D. P. (1968). *Educational psychology: A cognitive view*. New York: Holt, Rinehart & Winston.

[8] Barr, R. (1988). Conditions influencing content taught in nine fourth-

grade mathematics classrooms. *The Elementary School Journal*, 88, 390-411.

[9] Bauersfeld, H. (1992). Integrating theories for mathematics education. *For the Learning of Mathematics*, 12 (2), 19-28.

[10] Bauersfeld, H. (1988). Interaction, construction, and knowledge: Alternatives for mathematics education. In T. Cooney & D. Grouws (Eds.), *Effective mathematics teaching* (pp. 27-46). Reston, VA: National Council of Teachers of Mathematics.

[11] Bauersfeld, H. (1995). Theoretical perspective on interaction in the mathematics classroom. In R. Biehler, R. W. Scholz, R. Sträβer, & B. Winkelmann (Eds.), *Didactics of mathematics as a scientific discipline* (pp. 133-146). Dordrecht: Kluwer.

[12] Beaton, A. E., Ina, V. S. M., Michael, O. M., Eugenio, J. G., Dana, L. K., & Teresa, A. S. (1996). *Mathematics achievement in the middle school years: IEA's Third Mathematics and Science Study (TIMSS)*. Cherstnut Hill, MA: TIMSS International Study Center, Boston College.

[13] Becker, J. P., Sawada, T., & Shimizu, Y. (1999). Some findings of the U. S. -Japan cross-cultural research on students' problem-solving behaviors. In G. Kaiser, E. Luna, & I. Huntley (Eds.), *International comparisons in mathematics education* (pp. 121-139). London: Falmer.

[14] Bell, A. (1976). A study of pupils' proof - Explanations in mathematical situations. *Educational Studies in Mathematics*, 7, 23-40.

[15] Biggs, J. B. (1994). What are effective schools? Lessons from East and West (the Radford Memorial Lecture). *Australian Educational Researcher*, 21,19-39.

[16] Biggs, J. B., & Watkins, D. A. (2001). Insight into teaching the Chinese learner. In D. A. Watkins & J. B. Biggs (Eds), *Teaching the Chinese learner: Psychological and pedagogical perspectives* (pp. 277-300). Hong Kong/Melburne: Comparative Education Research Centre, the University of Hong Kong/ Australian Council for Education Research.

[17] Biggs, J. B., & Watkins, D. A. (1996). The Chinese learner in retrospect. In D. A. Watkins & J. B. Biggs (Eds.), *The Chinese learner: Cultural, psychological, and contextual influences* (pp. 269-285). Hong Kong/Melburne: Comparative Education Research Centre, the University of Hong Kong/ Australian Council for Education Research.

[18] Bishop, A. , & Clarkson, P. (1998). What values do you think you are teaching whey you teach mathematics? In J. Gough & J. Mousley (Eds.), *Mathematics: Exploring all angles* (Proceeding of the 35th annual conference of the Mathematics Association of Victoria, pp. 30-38). Melbourne: MAV.

[19] Bowden, J. A. , & Marton, F. (1998). *The university of learning*. London: Hogan Page.

[20] Bruner, J. (1996). *The culture of education*. Cambridge, MA: Harvard University Press.

[21] Brunner, J. S. (1964). Some theorem on instruction illustrated with reference to mathematics. In E. R. Hilgard (Ed.), *Theories of learning and instruction* (pp. 306-335). Chicago: University of Chicago Press.

[22] Cai , J. (2002a, April). The Development of U. S. and Chinese Student's generalized and Generative thinking in mathematics. Paper posted at American Education Research Association Annual Meeting, New Orleans, USA.

[23] Cai, J. (1995). *A cognitive analysis of U. S. and Chinese students' mathematical performance on tasks involving computation, simple problem solving, and complex problem solving*. Reston, VA: National Councilof Teachers of Mathematics.

[24] Cai, J. (2000a). Understanding and representing the arithmetic averaging algorithm: An analysis and comparison of U. S. and Chinese students' responses. *International Journal of Mathematical Education in Science and Technology*, 31, 839-855.

[25] Cai, J. (2000b). Mathematical thinking involved in U. S. and Chinese students' solving process-constrained and process-open problems. *Mathematical Thinking and Learning: An International Journal*, 2, 309-340.

[26] Cai, J. (2001). Improving mathematics learning: Lessons from cross-national studies of U. S. and Chinese students. *Phi Delta Kappan*, 82, 400-405.

[27] Cai, J. (2006). Impact of teachers' conceptions of pedagogical representations on U. S. and Chinese students' thinking. In F. K. S. Leung, K-D. Graf, & F. J. Lopez-Real (Eds.), *Mathematics education in different cultural traditions-A comparative study of East Asia and the West. The 13th ICMI Study* (pp. 465-482). New York: Springer.

[28] Calderhead, J. (1996). Teachers: Beliefs and knowledge. In D. C. Berliner & R. C. Calfee(Eds.), *Handbook of educational psychology* (pp. 709-

725). New York: Macmilla.

[29] Census and Statistics Dept., Hong Kong (1997). 1996 *population by-census: Main report*. Hong Kong: Census and Statistics Department.

[30] Cestari, M. L. (1998). Teacher-student communication in traditional and constructivist approaches to teaching. In H. Steinbring, M. G. B. Bussi, & A. Sierpinska (Eds.), *Language and communication in mathematics classroom* (pp. 155-166). Reston, VA: National Council of Teachers of Mathematics.

[31] Chan, M. H., Leung, S. M., & Kwok, P. M. (1996). *Pleasurable learning mathematics* 2A. Hong Kong: Chung Tai Educational Press.

[32] Chang, C. Y. (1957). *The Essence of Chinese culture*. Taiwan, China: The China News Press.

[33] Cheng, C. P. (2000). *Shuxue jiaoyu bijiao yu yanjiu*[A comparison and study on mathematics education]. Shanghai: East China Normal University Press.

[34] Cheng, K. M. (1994). Quality of education as perceived in the Chinese culture. In Takala, T. (Ed.), *Quality of education in the context of culture in developing countries* (pp. 67-84). Tamper, Finland: Tamper University Press.

[35] Clarke, D. J. (1998). Studying the classroom negotiation of meaning: Complementary accounts methodology. In A. Tepo(Ed.), *Qualitative research methods in mathematics education* (pp. 98-111). Reston, VA: National Councilof Teachers of Mathematics.

[36] Clarke, D. J. (2001). *Perspectives on practice and meaning in mathematics and science classroom*. London: Kluwer.

[37] Clarke, D. J. (2002, April). The learner's perspective study: Exploiting the potential for complementary analyses. Paper presented at American Education Research Association Annual Meeting, New Orleans, USA.

[38] Cobb, P. (1994). Where is the mind? Constructivist and sociocultural perspectives on mathematical development. *Educational Researcher*, 23, 13-20.

[39] Cobb, P., & Bauersfeld, H. (1995). *The emergence of mathematical meaning: Interaction in classroom cultures*. Hillsdale: Lawrence Erlabaum.

[40] Cobb, P., & Whitenack, J. W. (1996). A method for conducting longitudinal analyses of classroom video recordings and transcripts. *Education Studies in Mathematics*, 30, 213-228.

[41] Coffey, A., & Atkinson, P. (1996). *Making sense of qualitative da-*

ta: *Complementary research strategies*. Thousand Oaks: SAGE.

[42] Cohen, L., Manion, L., & Morrison, K. (2001). *Research methods in education* (5th ed.). New York: Routledge Falmer.

[43] Confrey, J. (1995). How compatible are radical constructivism, sociocultural approaches, and social constructivism? In L. P. Steffe & J. Gale (Eds.), *Constructivism in education* (pp. 185-225). Hillsdal, NJ: Lawrence Erlbum.

[44] Cooney, T. J. , Brown, S. I., Dossey, J. A. Schrage, G., & Wittmann, E. C. (1996). *Mathematics, pedagogy, and secondary teacher education*. Portsmouth, NH: Heinemann.

[45] Cortazzi, M. (1998, June). Learning from Asian lessons: Cultural experience and classroom talk. *Education* 3 *to* 13, 26(2), 42-49.

[46] Cortazzi, M., & Jin, L. (2001). Large class in China: "Good" teachers and interaction. In D. A. Watkins & J. B. Biggs (Eds), *Teaching the Chinese learner: Psychological and pedagogical perspectives* (115-134). Hong Kong/Melburne: Comparative Education Research Centre, the University of Hong Kong/ Australian Council for Education Research.

[47] Curriculum Development Committee (1985). *Syllabuses for mathematics* (Forms I-V). Hong Kong.

[48] Curriculum Development Council (1999). *Syllabuses for secondary schools: Syllabus for mathematics* (Secondary 1-5). Hong Kong: The Education Development, Hong Kong.

[49] Delamont, S., & Hamilton, D. (1984). Revisiting classroom research: A continuing cautionary tale'. In S. Delamont (Ed.), *Readings on interaction in the classroom*. London: Methuen.

[50] Dienes, Z. P. (1973). A theory of mathematics learning. In F. J., Crosswhite, J. L. Highins, A. R. Osborne, & R. J. Shunway (Eds.), *Teaching mathematics: Psychological foundation* (pp. 137-148). Ohio: Charles A. Jones Publishing Company.

[51] Dienes, Z. P., & Golding, E. W. (1971). *Aapproach to modern mathematics*. New York: Hutchinson & Co. ,Ltd.

[52] Diense, Z. P. (1963). *A experimental study of mathematics learning*. New York: Hutchinson & Co., Ltd.

[53] Education Department (1981). *Primary education and pre-primary*

services. Hong Kong: Government.

[54] Education Department (1999). *Comparative study of the mathematics curriculum of major Asian and Western countries*. Hong Kong.

[55] Education Department (2000). *Report on holistic review of the mathematics curriculum*. Hong Kong.

[56] Ernest, P. (1989). The knowledge, beliefs and attitudes of the mathematics of the mathematics teacher: A model. *Journal of Education for Teaching*, 10, 117-133.

[57] Ernest, P. (1998). The Epistemological basis of qualitative research in mathematics education: a postmodern perspective (pp. 22-39). In A. R. Teppo (Ed.), *Qualitative research in mathematics education*. Reston: National Council of Teachers of Mathematics.

[58] Fan, L., & Kaeley, G. S. (1998, April). Textbooks use and teaching strategies: An empirical study. Paper presented at annual meeting of the American Educational Research Association, San Diego, CA.

[59] Fennema, E., & Franke, M. L. (1992). Teachers' knowledge and its impact. In D. A. Grouws (Ed.), *Handbook of research on mathematics teaching and learning* (pp. 147-165). New York: Macmillan Publishing Company.

[60] Flanders, N. A. (1970). *Analyzing teaching behavior*. Reading, Mass: Addison-Wesley.

[61] Gagné, R. M. (1977). *The condition of learning* (3rd ed.). New York: Holt, Rinehart & Winston.

[62] Garden, R. A. (1987). The secondary IEA mathematics study. *Comparative Education Reviews*, 31, 47-68.

[63] Graf, K. D., & Leung, F. K. S. (2000). The thirteenth ICMI study on Mathematics education in different cultural traditions. *Educational Studies in Mathematics*, 43, 95-116.

[64] Gredler, M. E. (2001). *Learning and instruction: Theory into practice* (4th ed.). Ohio: Merrill Prentice Hall.

[65] Gu, L. Y. (1996). Qingpu experiment——A mathematics education reform based on the pedagogical level in China. Paper presented in Eighth International Conference on Mathematics Instruction, Sevikla.

[66] Gu, L. Y. (2001, December). Variations among different kinds of learning. Paper presented at symposium entitled "variation, teaching to learning,

lesson studies" in The University of Hong Kong.

[67] Gurwitsch, A. (1964). *The field of consiousness*. Pittsburgh: Duquesne University Press.

[68] Hammersley, M. (1994). *Controversies in classroom research* (2nd ed.). Buckingham: Open University Press.

[69] Hanna, G. (1990). Some pedagogical aspects of proof. *Interchange*, 21(1), 6-13.

[70] Hanna, G. (1998). Proof as explanation in geometry. *Focus on Learning Problems in Mathematics*, 20 (2 & 3), 4-13.

[71] Hanna, G. (2001). Proof, explanation and exploration: An overview. *Educational Studies in Mathematics*, 44, 5-23.

[72] Hanna, G., & Jahnke, H. N. (1996). Proof and proving. In A. Bishop, K. Clements, C. Keitel, J. Kilpatrick, & C. Laborde (Eds.), *International handbook of mathematics education* (pp. 877-908). Dordrecht, The Netherlands: Kluwer.

[73] Hersh, R. (1993). Proving is convincing and explaining. *Educational Studies in Mathematics*, 24, 389-399.

[74] Hess, R. D. (1987). Cultural variations in family beliefs about children's performance in Mathematics: Comparisons among People Republic of China, Chinese-American, and Caucasian-American Families. *Journal of Educational Psychology*, 79, 179-188.

[75] Hiebert, J., Carpenter, T. P., Fennema, E., Fuson, K. C., Wearne, D., Murray, H. et al. (1997). *Making sense: Teaching and learning mathematics with understanding*. Portsmouth: Heinemann.

[76] Holton, D., & Thomas, G. (2001). Mathematical interactions an their influence on learning. In D. Clarke (Ed.), *Perspectives on practice and meaning in mathematics and science classroom* (pp. 75-104). Dordrecht, The Netherlands: Kluwer.

[77] Huang, R., & Leung, F. K. S. (2002). Is there a Chinese approach? ——A comparison on the ways of teaching the Pythagoras theorem among Australia, Czech Republic, Hong Kong and Shanghai. In D. Edge & Y. B. Har (Eds.), *Proceedings of the Second East Asia Regional Conference on Mathematics Education and Ninth Southeast Asian conference on Mathematics Education* (Vol. 2, pp. 247-252). Singapore: Association of Mathematics Educators &

National Institute of Education, NTU.

[78] Husen, T. (1967). *International study of achievement in mathematics: A comparison of twelve countries*. New York: Wiley.

[79] Inagaki, K., Morita, E., & Hatano, G. (1999). Teaching-learning of evaluative criteria for mathematical arguments through classroom discourse: A cross-national study. *Mathematical Thinking and Learning*, 1(2), 93-111.

[80] Jaworski, B. (1994). *Investigating mathematics teaching: A constructivist enquiry*. London: The Falmer Press.

[81] Jaworski, B. (1998). The centrality of the researcher: Rigor in a constructivist inquiry into mathematics teaching. In A. R. Reppo(Ed.), *Qualitative research methods in mathematics education* (pp. 115-127). Reston: National Council of Teachers of Mathematics, Inc.

[82] Johnson, B., & Christensen, L. (2000). *Education research: Quantitative and qualitative approaches*. Boston: Allyn and Bacon.

[83] Kawanaka, T., & Stigler, J. W. (1999). Teachers' use of questions in eighth-grade mathematics classroom in Germany, Japan, and the United States. *Mathematical Thinking and Learning*, 1, 255-278.

[84] Knuth, E. (2002). Teachers' conceptions of proof in the context of secondary school mathematics. *Journal of Mathematics Teacher Education*, 5, 61-88.

[85] Knuth, E., & Elliott, R. L. (1998). Characterizing students' understandings of mathematical proof. *Mathematics Teacher*, 91, 714-717.

[86] Ko, P. Y., & Chik, P. M. (2000). Jiaoxue jihui de bawuo he liushi [The grasp and loss of teaching and learning opportunities- Lesson analysis of a primary Chinese language lesson]. *Asia Pacific Journal of Language in Education*, 2(2).

[87] Koehler, M. S., & Grouws, D. A. (1992). Mathematics teaching practices and their effects. In D. A. Grouws (Ed.), *Handbook of research on mathematics teaching and learning* (pp. 115-126). New York: Macmillan Publishing Company.

[88] Krummheuer, G. (1998). Formats of argumentation in the mathematics classroom. In H. Steinbring, M. G. B. Bussi, & A. Sierpinska (Eds.), *Language and communication in mathematics classroom* (pp. 223-234). Reston, VA: National Council of Teachers of Mathematics.

［89］Lapointe A. E.，Mead，N. A.，& Askew，J. M.（1992），*Learning mathematics*. Prinerton，NJ：Educational Testing Service.

［90］Lau，Siu-kai，& Kuan，Hsin-chi(1989). *The ethos of the Hong Kong Chinese*. Hong Kong：The Chinese University Press.

［91］Lee，S. Y.（1998）. Mathematics learning and teaching in the school context：Reflections from cross-cultural comparisons. In S. G. Garis & H. M. Wellman（Eds.），*Global prospects for education：Development，culture，and schooling*（pp. 45-77）. Washington，DC：American Psychological Association.

［92］Lee，W. O.（1996）. The cultural context for Chinese learners：Conceptions of learning in the Confucian tradition. In D. A. Watkins & J. B. Biggs（Eds.），*The Chinese learner：Cultural，psychological，and contextual influences*（pp. 25-42）. Hong Kong/Melburne：Comparative Education Research Centre，the University of Hong Kong/Australian Council for Education Research.

［93］Leung，F. K. S.（1992）. *A Comparison of the intended mathematics curriculum in China，Hong Kong，and England and the implementation in Beijing，Hong Kong and London*. Unpublished Ph. D. Thesis，The University of London Institute of Education.

［94］Leung，F. K. S.（1995）. The Mathematics classroom in Beijing，Hong Kong and London. *Educational Studies in Mathematics*，29，197-325.

［95］Leung，F. K. S.（1998，Summer）. The implications of Confucianism for education today. *Journal of Thought*.

［96］Leung，F. K. S.（2001）. In search of an East Asian identity in mathematics education. *Educational Studies in Mathematics*，47，35-51.

［97］Leung，F. K. S.（2002，May）. Why east Asian students excel in mathematics? ——Characteristics of high achieving classroom. In D. Edge & Y. B. Har（Eds.），*Proceedings of the Second East Asia Regional Conference on Mathematics Education and Ninth Southeast Asian conference on Mathematics Education*（Vol. 1，pp. 127-131）. Singapore：Association of Mathematics Educators & National Institute of Education，NTU.

［98］Leung，F. K. S.，& Law，N. W. Y.（1997）. Hong Kong. In D. F. Robitaille（Ed.），*National contexts for mathematics and science education：An encyclopedia of the education systems participating in TIMSS*. Vancouver Canada：Pacific Educational Press.

［99］Loomis，E. S.（1968）. *The Pythagorean proposition：its demonstra-*

tions analyzed and classified, and bibliography of sources for data of the four kinds of proofs. Washington, DC : National Council of Teachers of Mathematics.

[100] Ma, L. (1999). *Knowing and teaching elementary mathematics: Teachers' understanding of fundamental mathematics in China and the United States*. Mahwah, NJ: Lawrence Erlbaum.

[101] Marton, F. (1981). Phenomenography-describing conceptions of the world around us. *Instructional Science*, 10, 177-200.

[102] Marton, F. (1992). Phenomenography and "the art of teaching all things to all men". *International Journal of Qualitative Studies in Education*, 5, 253-267.

[103] Marton, F. (1993). Phenomenography. In T. Husén & T. N. Postlethwaite (Eds.), *The international encyclopedia of education* (2nd ed.) (pp. 4422-4429). Oxford: Pergamon Press.

[104] Marton, F. (1999, August). Variatio est mater studiorum. Opening address at the 8th EARLI conference, Göteborg, Sweden.

[105] Marton, F., & Booth, S. (1997). *Learning and awareness*. Mahwah, NJ: Lawrence Erlbaum.

[106] Marton, F., & Pang, M. F. (1999, August). Two faces of variation. Paper presented at 8th EARLI conference, Götegorg, Sweden.

[107] Marton, F., & Tsui, A. B. M, (2004). *Classroom discourse and the space of learning*. Mahwah, NJ: Lawrence Erlbaum.

[108] Maxwell, J. A. (1996). *Qualitative research design: An interactive approach*. California: SAGE publications, Inc.

[109] McIntyre, D., & Macleod, G. (1986). The characteristics and uses of systematic observation. In M. Hammersley (Ed.), *Controversies in classroom research: A reader* (pp. 10-24). Milton Keynes: Open University Press.

[110] Miles, M. G., & Huberman, A. M. (1994). *Qualitative data analysis: An expanded sourcebook* (2en ed.). Thousand Oaks, CA: Sage.

[111] Mok, I, A. C., & Morris, P. (2001). The metamorphosis of the "virtuoso": Pedagogic patterns in Hong Kong primary mathematics classroom. *Teaching and Teacher Education*, 17, 455-468.

[112] Mok, I. A. C., Chik, P. M., Ko, P. Y., Kwan, T., Lo, M. L., Marton, F., et al. (2001). Solving the paradox of the Chinese teacher? In D. A.

Watkins & J. B. Biggs (Eds.), *Teaching the Chinese learner: Psychological and pedagogical perspectives* (161-180). Hong Kong/Melburne: Comparative Education Research Centre, the University of Hong Kong/ Australian Council for Education Research.

[113] Mok, I. A. C. (2000, July). An open mathematics lesson in Shanghai. Paper presented at ICME-9, Japan. Retrieved from http://www.math.admu.edu.ph/tsg22/mol.htm.

[114] Mok, I. A. C., & Ko, P. Y. (2000). Beyond labels - Teacher-centered and pupil-centered activities. In B. Adamson, T. Kwan, & K. K. Chan (Eds.), *Changing the curriculum: The impact of reform on primary schooling in Hong Kong* (pp. 175-194). Hong Kong: Hong Kong University Press.

[115] Mok, I. A. C., Leung, F. K. S., Lopez-Real, F. J., & Marton, F. (2002, April). Dimension of variation in mathematics classrooms: Examples from Hong Kong and Shanghai. Paper presented at the Annual Meeting of the American Education Research Association, New Orleans, USA.

[116] Morris, P. (1985). Teachers' perceptions of the barriers to the implementation of pedagogic innovation: A South East Asian case study. *International Review of Education*, 31, 3-18.

[117] Morris, P., Adamson, R., Au, M. L., Chan, K. K., Chang, W. Y., Ko, P. K., et al. (1996). *Target oriented curriculum evaluation project (interim report)*. Hong Kong: INSTEP, Faculty of Education, The University of Hong Kong.

[118] Mullis, I. V. S., Martin, M. O., Gonzalez, E. J., Gregory, K. D., Garden, R. A., O'Connor, K. M., et al. (2000). *TIMSS* 1999 *internal mathematical report: Findings from IEA's report of the Third International Mathematics and Science Study at the eight grade*. Cherstnut Hill, Mass: TIMSS International Study Center, Boston College.

[119] Mullis, I. V., Michael, O. M., Albert, E. B., Eugenio, J. G., Dana, L. K., & Teresa, A. S. (1997). *Mathematics achievement in the primary school years: IEA's Third International Mathematics and Science Study (TIMSS)*. Cherstnut Hill, Mass: TIMSS International Study Center, Boston College.

[120] Muth, K. D., & Alvernann, D. E. (1999). *Teaching and learning in the middle grades* (2nd ed.). Boston: Allyn and Bacon.

[121] National Research Council (1989). *Everybody counts: A report to the nation on the future of mathematics education*. Washington, DC: National Academy Press.

[122] Neuman, D. (1998). Phenomenography: Exploring the roots of numeracy. In A. R. Reppo(Ed.), *Qualitative research methods in mathematics education* (pp. 63-78). Reston, VA: National Council of Teachers of Mathematics.

[123] Neuman, D. (1999). Early Learning and awareness of division: A phenomenographic approach. *Educational Studies in Mathematics*, 40, 101-127.

[124] Ng. F. P., Tsui, A. B. M., & Marton, F. (2001). Two faces of the reed relay-Exploring the effect of the medium of instruction. In D. A. Watkins & J. B. Biggs(Eds.), *Teaching the Chinese learner: Psychological and pedagogical perspectives*(135-160). Hong Kong/Melburne: Comparative Education Research Centre, the University of Hong Kong/Australian Council for Education Research.

[125] Ng. F. P., Kwan, Y. L., & Chik, P. M. (2000, June). Lesson analysis of a primary Chinese language lesson-phenonmenography approach. Curriculum Forum, 9(2), 82-91.

[126] Paine, L. (1990). The teacher as virtuoso: A Chinese model for teaching. *Teachers College Record*, 92 (1), 49-81.

[127] Paine, L. (2002, April). Learning to teach through joining a community of practice in Shanghai: Curriculum control and public scrutiny of teaching as context for teacher learning. Paper presented at the *American Education Research Association Annual Meeting*, New Orleans, USA.

[128] Paine, L. (1992). Teaching and modernization in contemporary China. In R. Hayhoe(Ed.), *Education and modernization: The Chinese experience* (pp. 183-210). England: Pergamon Press.

[129] Pajares, M. F. (1992). Teachers' beliefs and educational research: Cleaning up a messy construct. *Review of Education Research*, 63, 307-332.

[130] Pang, M. F. (2002). *Making learning possible: The use of variation in the teaching of school Economic*. Unpublished Ph. D Thesis, the University of Hong Kong.

[131] Park, K., & Leung, F. K. S. (2006). A comparative study of the mathematics textbooks of China, England, Hong Kong, Japan, Korea, and the United States. In F. K. S. Leung, K-D. Graf, & F. J. Lopez-Real (Eds.),

Mathematics education in different cultural traditions——A comparative study of East Asia and the West. The 13th ICMI Study (pp. 227-138). New York, NY: Springer.

[132] Perry, B., Howard, P., & Tracey, D. (1999). Head mathematics teacher's beliefs about the learning and teaching of mathematics. *Mathematics Education Research Journal*, 11(1), 39-53.

[133] Perry, B., Wong, N. Y., & Howard, P. (2006). Beliefs about mathematics, mathematics learning and mathematics teaching: A comparison of views from primary and secondary mathematics teachers in Hong Kong and Australia. In F. K. S. Leung, K-D. Graf, &F. J. Lopez-Real (Eds.), *Mathematics education in different cultural traditions——A comparative study of East Asia and the West. The 13th ICMI Study* (pp. 435-448). New York: Springer.

[134] Piaget, J. (1952). *The child's conception of number*. London: Educational Supply Association Ltd.

[135] Prawart, R. (1999). Dewey, Peirce and the learning paradox. *American Educational Research Journal*, 36(1), 47-76.

[136] Raymond, A. M. (1997). Inconsistency between a beginning elementary school teacher's mathematics beliefs and teaching practices. *Journal for Research in Mathematics Education*, 97, 550-577.

[137] Robitaille, D. F., & Garden, R. A. (1989). *The IEA study of mathematics II: Contexts and outcome of school mathematics*. Oxford: Pergamon Press.

[138] Rovio-Johansson, A. (1999). *Being good at teaching: Exploring different ways of handling the same subject in higher education*. Sweden: ACTA Universitatis Gothoburgensis.

[139] Runesson, U. (1997). The experience of mathematics teaching. In E. Pehkonen(Ed.), *Proceedings of PME* 21, 4, 88-95.

[140] Runesson, U. (2001). What matters in the mathematics classroom? Exploring critical differences in the space of learning. In C. Bergsten(Ed.), *Proceedings NORMA*01. Kristianstad.

[141] Runesson, U. (1999). *The pedagogy of variation: Different ways of handling a mathematical topic* / Variationens pedagogik: Skilda Sätt att behandla ett matematiskt innehåll. Göteborg: Acta.

[142] Salili, F. (1995). Explaining Chinese student's motivation and achieve-

ment: A socio-cultural analysis. In M. L. Machn & P. Pintrich (Eds.), *Advance in motivation and achievement*, 9, 73-118. Greenwihc, CT: JAI.

[143] Saxe. G. G., & Bermudez, T. (1992, August). Emergent mathematical environments in children's games. Paper presented at the *International Congress on Mathematical Education*, Quebec City, Canada.

[144] Schimidt, W. H., Mcknight, C. C., Cogan, L. S., Jakwerth, P. M., & Houang, R. T. (1999). *Facing the consequences: Using TIMSS for a closer look at U.S. mathematics and science education*. Dordrecht, The Netherlands: Kluwer.

[145] Schmidt, W. H., McKnight, C. C., Valverde, G. A., Houang, R. T., & Wiley, D. E. (1997). *Many visions, many aims: A cross-national investigation of curriculum intentions in school mathematics*, *Volume* 1. Dordrecht, The Netherlands : Kluwer.

[146] Schoenfeld, A. (2000). Model of the teaching process. *The Journal of Mathematical Behavior*, 18, 243-261.

[147] Seeger, F. (2001). Research on discourse in the mathematics classroom: A commentary. *Educational Studies in Mathematics*, 46, 287-297.

[148] Shimizu, Y. (2002). Capturing the structure of Japanese mathematics lessons: Some findings of international comparative studies. In D. Edge & Y. B. Har (Eds.), *Proceedings of the Second East Asia Regional Conference on Mathematics Education and Ninth Southeast Asian conference on Mathematics Education* (Vol. 1, pp. 168-177). Singapore: Association of Mathematics Educators & National Institute of Education, NTU.

[149] Simth, B. O. (1983). Some comments on educational research in the twenties century. *Elementary and Concept Attainment*, 83, 488-492.

[150] Siu, M. K. (1993). Proof and pedagogy in ancient China: Examples from LIU Hui's Commentary on JIU ZHANG SUAN SHU. *Educational Studies in Mathematics*, 24, 345-358.

[151] Siu, M. K., & Volkov, A. (1999). Official curriculum in tradition Chinese mathematics: How did candidate pass the examinations? *Historia Scientiarum*, 9(1), 85-99.

[152] Smith, A. (1992). *Understanding children's development*. Wellington, N. Z. : Bridget Williams.

[153] Sosniak, L. A., Ethingthon, C. A., & Varelas, M. (1991). Teach-

ing mathematics without a coherent point of view: Findings from the IEA Second International Mathematics Study. *Journal of Curriculum Studies*, 23, 119-131.

[154] Stevenson, H. W., & Lee, S. Y. (1995). The East Asian version of whole-class teaching. *Education Policy*, 9, 152-168.

[155] Stevenson, H. W., & Stigler, J. W. (1992). *The learning gap: Why our schools are failing and what we can learn from Japanese and Chinese education*. New York: Summit Books.

[156] Stevenson, H. W., Chen, C. C., & Lee, S. Y. (1993). Mathematics achievement of Chinese, Japanese, and American children: Ten years later. *Science*, 25(9), 53-59.

[157] Stevenson, W., & Lee, S. (1997). The East Asian version of whole-class teaching. In W. K. Coming & P. G. Altback (Eds.), *The Challenge of Eastern Asian education* (pp. 33-49). Albany, NY: State University of New York Press.

[158] Stigler, J. W. (1998). Video surveys: New data for the improvement of classroom instruction. In S. G. Garis & H. M. Wellman (Eds.), *Global prospects for education: Development, culture, and schooling* (pp. 45-77). Washington, DC: American Psychological Association.

[159] Stigler, J. W., & Hiebert, J. (1997). Understanding and improving classroom mathematics instruction. Retrieved from http://www.pdkintl.org/kappan/kstg 9709.html.

[160] Stigler, J. W., & Hiebert, J. (1999). *The teaching gap: The best ideas from world's teachers for improving education in classroom*. New York: The Free Press.

[161] Stigler, J. W., & Perry, M. (1988a). Cross cultural studies of mathematics teaching and learning recent findings and new directions. In D. A. Grouws & T. J. Cooney (Eds.), *Perspectives on research on effective mathematics teaching* (pp. 194-223). Reston, VA: National Council of Teachers of Mathematics.

[162] Stigler, J. W., & Perry, M. (1988b). Mathematics learning in Japanese, Chinese, and American classrooms. *New Directions for Child Development*, 41, 27-54.

[163] Stigler, J. W., Fernandez, C., & Yoshida, M. (1996). Tradition of school mathematics in Japanese and American elementary classrooms. In L. P.

Steffe & P. Nesher(Eds.), *Theories of mathematical learning* (pp. 149-175). Mahwah: Lawrence Erlbaum.

[164] Stigler, J. W., Gonzales, P., Kawanaka, T., Knoll, S., & Serrano, A. (1997). *Methods and findings of the TIMSS videotape classroom study*. Washington, DC: U.S. Government Printing Office.

[165] Stodolsky, S. S. (1988). *The subject matters: Classroom activity in math and social studies*. Chicago: The University of Chicago Press.

[166] Strauss, A., & Corbin, J. (1998). *Basic of qualitative research: Techniques and procedures for developing grounded theory*. Thousand Oaks: Sage.

[167] Sun, L. J. (1983). *Zhonguo wenhua de shenceng jiegou* [The "deep Structure" of Chinese culture]. Hong Kong: Cap Yin Co.

[168] Teppo, A. R. (1998). Diverse ways of knowing. In A. R. Teppo (Ed.), *Qualitative research in mathematics education* (pp. 1-16). Reston, VA: The National Council of Teachers of Mathematics.

[169] The curriculum Development Council (1999). *Syllabuses for Mathematics* (S1-S5). Hong Kong: Education Department, Hong Kong.

[170] Thompson, A. G. (1984). The relationship of teacher's conception of mathematics teaching to instructional practice. *Educational Studies in Mathematics*, 15, 105-127.

[171] Thompson, A. (1992). Teachers' beliefs and conception: A synthesis of the research. In D. A. Grouws (Ed.), *Handbook of research on mathematics teaching and learning* (pp. 127-146). New York: Macmillan.

[172] Tong, K. M. (1970). *Educational ideas of Confucius*. Taipei: Youth Book Store.

[173] Trigwell, K., & Prosser, M. (1996). Congruence between intention and strategy in science teacher's approach to teaching. *Higher Education*, 32, 77-87.

[174] Tsui, A. B. M. (1995). *Introducing classroom interaction*. London: Penguin Group.

[175] Van Zoest, L. R., Jones, G. A., & Thornton, C. A. (1994). Beliefs about mathematics teaching held by preservice teachers involved in a first grade mentorship program. *Mathematics Education Research Journal*, 6(1), 37-55.

[176] Voigt, J. (1994). Negotiation of mathematical meaning and learning mathematics. *Educational Studies in Mathematics*, 26, 275-298.

[177] Voigt, J. (1995). Thematic patterns of interaction and sociomathematical norms. In P. Cobb & H. Bauersfeld (Eds.), *The emergence of mathematical meaning: Interaction in classroom culture* (pp. 163-201). Hillsdale, NJ: Erbaum.

[178] Voigt, J. (1996). Negotiation of mathematical meaning in classroom processes: social interaction and learning mathematics. In L. P. Steffe, P. Nesher, P. Cobb, G. A. Goldin, & B. Greer (Eds.). *Theories of mathematical learning* (pp. 21-50). Mahwa, NJ: Erbaum.

[179] Vygotskys (1962). *Though and language* (edited and translated by E. Hanfmann & G. Vakar). Cambridge : M. I. T. Press, Massachusetts Institute of Technology.

[180] Vygotskys (1978). *Mind in society*. Cambridge, Mass. : Harvard University Press.

[181] Watkins, D. A., & Biggs, J. B. (2001). The paradox of the Chinese learner and beyond. In D. A. Watkins & J. B. Biggs (Eds.), *The Chinese learner: Cultural, psychological, and contextual influences* (pp. 3-26). Hong Kong/ Melburne: Comparative Education Research Centre, the University of Hong Kong/ Australian Council for Education Research.

[182] Watkins, D. A., & Biggs, J. B. (1996). *The Chinese learner: Cultural, psychological and contextual influences*. Hong Kong/Melburne: Comparative Education Research Centre, the University of Hong Kong/ Australian Council for Education Research.

[183] Wertsch, J., & Toma, C. (1995). Discourse and learning in the classroom: A sociocultural approach. In L. Steffe, & J. Gale (Eds.), *Constructivism in education* (pp. 159-174). Hillsdale, NJ: Lawrence Erlbaum.

[184] Wong, N. Y. (1993). Mathematics education in Hong Kong: Development in the last decade. In G. Bell (Ed.), *Asian perspective on mathematics education* (pp. 56-69). Lismor, NSW: The Northern Rivers Mathematics Association.

[185] Wong, N. Y. (1998). In search of the "CHC" Learner: Smarter, works harder and something more. In H. S. Park, Y. H. Choe, H. Shin, & S. H. Kim (Eds.), *Proceedings of the ICMI-East Asia Regional Conference on*

Mathematical Education (Vol. 1, pp. 85-98).

[186] Wong, N. Y. (2000). Mathematics education and culture: the "CHC" learner phenomenon. Retrieved from http://www. math. admu. edu. ph/tsg22/wong. html.

[187] Wong, N. Y. (2001, August). The lived space of mathematics learning: From conception to action. Plenary lecture. In L. Sun (Ed.), *Proceedings of the International Conference on Mathematics Education* (pp. 6-19). Changchun, China.

[188] Wood, D., Brunner, J. S., & Ross, G. (1976). The role of tutoring in problems solving. *Journal of Child Psychology and Psychiatry*, 17, 89-100.

[189] Wood, T. (1994), Patterns of interaction and the culture of mathematics classroom. In S. Lerman (Ed.), *Cultural perspective on the mathematics classroom* (pp. 149-168). Dordrecht: Kluwer.

[190] Wood, T. (1998). Alternative patterns of communication in mathematics classes: Funneling or focusing? In H. Steinbring, M. G. B. Bussi, & A. Sierpinska(Eds.), *Language and communication in mathematics classroom* (pp. 167-178). Reston, VA: National Council of Teachers of Mathematics.

[191] Yang, K. S. (1981). Social orientation and individual orientation among Chinese students in Taiwan. *Journal of Social Psychology*, 113, 159-170.

[192] Zhang, D. Z. (2002). Kaoju wenhua [The culture of searching evidence]. *Kexue*, No. 4.

[193] Zhang, D. Z., & Lee, P. Y. (1991). Examination culture and mathematics teaching. *Proceedings of ICMI-China regional of mathematical education at Beijing*, 1, 8.

[194] Zhang, D. Z. (2001). Personal communication, in October 2001. East China Normal University.

[195] Zheng, Y. X. (1999). The status of Confucianism in modern Chinese education, 1901-1949: A curricular study. In G. Peterson, R. Hayhoe, & Y. Lu (Eds.), *Education, culture, and identity in twentieth-century China* (pp. 193-216). Hong Kong: Hong Kong University Press.

[196] Zheng, Y. X. (2006). Mathematics education in China-From a cultural perspective. In F. K. S. Leung, K-D. Graf, & F. J. Lopez-Real (Eds.), *Mathematics education in different cultural traditions——A comparative study of East Asia and the West. The 13th ICMI Study* (pp. 381-390). New York, NY:

Springer.

[197] Zhu, W. Z. (1992). Confucius and traditional Chinese education: An assessment. In R. Hayhoe (Ed.), *Education and modernization: The Chinese experience* (pp. 3-22). Oxford/New YorK: Pergamon Press.

部分中文参考文献

[1] 鲍建生,黄荣金,易凌峰,顾泠沅. 变式教学研究[J]. 数学教学,2003(1)11-12;2003(2):6-10;2003(3):6-12.

[2] 中华人民共和国教育部基础教育课程发展中心. 义务教育阶段国家数学课程标准(征求意见稿)[S]. 北京:北京教育出版社,2000.

[3] 顾泠沅. 青浦实验的方法与教学原理研究[M]. 北京:教育科学出版社,1994.

[4] 顾泠沅,等. 进入21世纪的中小学教育行动纲领(1997—2010)[R]. 上海:上海教育科学研究院.

[5] 顾泠沅. 从一节几何课的分析来看数学教育改革行动[J]. 上海数学与研究,1999(10).

[6] 江访良. 一题多变有利于培养学生的创造性思维能力[J]. 数学教学通讯,2000(7):13-14.

[7] 林伟. 变式教学浅议[J]. 数学教学研究. 1993(6):8-10.

[8] 刘长春. 在函数教学中实施变式教学[J]. 数学教学,1998(2):10-13.

[9] 卢均昌. 重视变式教学,培养思维能力[J]. 中学数学月刊,2001(1):12-14.

[10] 青浦数学教学改革与实验小组. 学会教学[M]. 北京:人民教育出版社,1991.

[11] 人民教育出版社. 九年义务教育中学数学教学大纲(征求意见稿)[S]. 北京:人民教育出版社,1988.

[12] 上海中小学课程与教材改革委员会. 上海市九年制义务教育数学学科课程标准(修订本)[S]. 上海:上海教育出版社,1998.

[13] 上海中小学课程与教材改革委员会. 上海市九年制义务教育数学学科课程标准(讨论稿)[S]. 上海:上海教育出版社,2002.

[14] 上海中小学课程与教材改革委员会. 九年级义务教育课本数学,八年级. 上海:上海教育出版社,2000.

[15] 黄毅英,林智中,黄家鸣,等. 中国内地中学教师的数学观[J]. 课程·教材·教法,2002(1):68-72.

[16] 黄毅英. 数学观研究综述[J]. 数学教育学报,2002,11(1):1-8.

[17] 张奠宙. 数学教育论稿[M]. 北京:高等教育出版社.

[18] 张奠宙. 未来展望:2010 年的中国数学教育[J]. 数学教学,1999(1):1-2.

[19] 张民生. 上海基础教育的改革与发展:20 年来的回顾与展望[J]. 上海教育,1998(12):3-5.

[20] 张传燧. 中国教学论史纲[M]. 长沙:湖南教育出版社,1999.

[21] 张奠宙. 中国传统文化与数学教育[R]. 数学教育高级研讨会,1998.

[22] 张远新. 变化一题以提高学生思维活动的质量——记一次变式题教学[J]. 数学教学通讯,2000(5):18-20.

[23] 冯德雄,章明富. 变式探索　尝试创新——记一次创新思维训练课[J]. 数学教学通讯,2000(12):32-34.

[24] 李继闵. 东方数学典籍《九章算术》及其刘徽注研究[M]. 西安:陕西人民教育出版社,1990.

[25] 李秉彝,张奠宙,郑正亚. 考试文化与数学教学[J]. 数学教育(香港),1997(4):96-103.

[26] 萧文强. 古今中外勾股方圆[J]. 数学教育(香港),1998(6):10-23.

后 记

值此论文出版之机，我衷心感谢在我做论文过程中给予我宝贵帮助的导师、同事和朋友. 首先，我十分感谢导师梁贯成(F. K. S. Leung) 教授，感谢他在学术上的深刻启示和耐心指导，在经济上的慷慨支持. 我真诚感谢两位在变异理论和实践方面作出重要贡献的瑞典哥德堡大学马顿(Ference Marton)教授和上海教育科学研究所的顾泠沅教授. 感谢他们宝贵的理论启示和专业智慧分享. 此外，我感谢莫雅慈(Ida A. C. Mok)博士耐心地阅读论文初稿，并给出修改意见. 感谢徐碧美(Amy B. M. Tsui)教授、萧文强(M. K. Siu)教授以及黄毅英(N. Y. Wong)教授对论文提出的宝贵建议. 我更感谢张奠宙教授、郑毓信教授和戴再平教授让我分享他们中国文化视角下对数学教育的深刻见解.

我十分感谢上海样本学校领导的大力支持，录像课老师的积极参与和无私帮助；感谢香港的崔女士(Angel Chui)和邓女士(Elllen Tseng)帮助我及时获得 TIMSS 1999 录像研究的香港数据. 没有他们的帮助，我是不可能按时完成本项研究的. 此外特别要感谢香港文化社会项目(the Hong Kong Culture and Society Programme Postgraduate Travel Grant) 资助我到上海收集数据. 还有，我特别感谢黎敏仪博士慷慨帮助我对论文进行润色.

最后，我特别感谢我的爱人金黎芬和爱女黄姝颖的理解与支持.

图书在版编目（CIP）数据

变异理论下的数学课堂研究／（美）黄荣金著.
—南宁：广西教育出版社，2011.6
（中国数学教育研究丛书）
ISBN 978-7-5435-6130-4

Ⅰ.①变…　Ⅱ.①黄…　Ⅲ.①中学数学课—课堂教学—教学研究　Ⅳ.①G633.602

中国版本图书馆 CIP 数据核字（2011）第 084578号

总 策 划：黄力平　责任编辑：陆　毅　黄力平　特约编辑：陆　阳
装帧设计：梁伟琪　责任校对：杨红斌　潘姿汝

出 版 人：张华斌
出版发行：广西教育出版社
地　　址：广西南宁市鲤湾路 8 号　邮政编码：530022
电　　话：0771—5865797
本社网址：http：// www. gxeph. com
电子信箱：book@ gxeph.com
印　　刷：广西民族印刷厂
开　　本：635mm × 965mm　1/16
印　　张：14.25
字　　数：197 千字
版　　次：2010 年 12 月第 1 版
印　　次：2010 年 12 月第 1 次印刷
书　　号：ISBN　978-7-5435-6130-4
定　　价：39.00元